教育部人文社会科学重点
清华大学技术创新研究中心

CSSCI集刊

创新与创业管理

（第24辑）

Management of Innovation and Entrepreneurship

陈 劲 主编

科学出版社
北京

内 容 简 介

"创新与创业管理"是由教育部人文社会科学重点研究基地——清华大学技术创新研究中心组编的学术研究丛书。本丛书主要收录创新与创业管理领域内高质量的学术论文,包括理论探讨、实证分析、案例解读、调查报告、文献综述及评论。

本专辑共收录了8篇文章,研究主题涉及合作创新中"知识分享—隐藏平衡"构念、维度及其测量;不同认知风格下创业失败学习对新创企业绩效的影响路径;疫情智能协同创新管理路径与实现方法;1991~2019年国内外管理咨询研究综述;数字创业:理论溯源、发展脉络与生成图景;创业趋势分析——基于全球创业观察项目的调查数据;中关村青年创业者的创业素质特征分析;中国情境下的创业活动:理论框架及测量体系。

图书在版编目(CIP)数据

创新与创业管理. 第 24 辑 / 陈劲主编. —北京:科学出版社,2021.7
ISBN 978-7-03-069352-5

Ⅰ. ①创… Ⅱ. ①陈… Ⅲ. ①企业管理-文集 Ⅳ. ①F272-53

中国版本图书馆 CIP 数据核字(2021)第 136123 号

责任编辑:陈会迎 / 责任校对:严 娜
责任印制:张 伟 / 封面设计:无极书装

科 学 出 版 社 出版
北京东黄城根北街 16 号
邮政编码:100717
http://www.sciencep.com

北京虎彩文化传播有限公司 印刷
科学出版社发行 各地新华书店经销
*
2021 年 7 月第 一 版 开本:787×1092 1/16
2021 年 7 月第一次印刷 印张:8 1/4
字数:200 000
定价:118.00 元
(如有印装质量问题,我社负责调换)

编 委 会

主　　编　陈　劲

副 主 编　李纪珍　　王　毅

编委会成员　（按姓氏笔画排序）

于　渤	苏敬勤	李　垣	李正风
李廉水	李新春	吴贵生	吴晓波
张玉利	张宗益	陈　光	陈　松
陈宏民	陈晓红	武春友	官建成
胡树华	柳卸林	聂　鸣	郭　斌
葛宝山	曾　勇	谢　伟	谢　恩
雷家骕	路　风	路江涌	蔡　莉
薛　澜	穆荣平	魏　江	

目录 CONTENTS

合作创新中"知识分享—隐藏平衡"构念、维度及其测量*

李浩，冯钰，何秋萍

（东北财经大学 工商管理学院，大连 116025）

摘要：本文将知识分享与知识隐藏纳入同一研究框架，提出了合作创新中的"知识分享—隐藏平衡"构念，通过案例研究揭示了其内涵，发现平衡包括维持优势、知识利用、协调有效、互利共赢和合作满意五个维度，进而通过大样本分析开发并检验了平衡测量量表，给出了合作创新中"知识分享—隐藏平衡"的定义；提供了识别和度量合作创新绩效与可持续性的平衡、合作创新双方当前利益与未来利益的平衡的工具，以及合作创新风险识别和控制机制，从反直觉的视角揭示了知识分享的消极作用和知识隐藏的积极作用。

关键词：合作创新；知识分享；知识隐藏

中图分类号：F270   **文献标识码**：A

　　合作创新是分享合作伙伴知识的重要途径[1-2]，大多数的知识分享活动也能显著提高合作创新绩效[3]。知识分享在为参与合作方创造学习机会的同时，也为机会主义者提供了窃取合作者敏感性知识的便利条件，无私的分享者可能面临关键知识被合作伙伴窃取的风险[4-6]，从而丧失知识优势和主动权，这也是参与合作方选择隐藏知识的重要原因。知识隐藏不仅是个体行为，在合作创新中，如果把分属于不同企业的员工划分阵营，并且遵从母公司的知识保护要求，那么知识隐藏就可能是集体行为。

　　知识隐藏是近年来知识分享理论发展中出现的新构念和研究的新问题，它是员工面对他

---

　　*基金项目：国家自然科学基金面上项目"正念如何影响团队的知识处理？团队正念对交互记忆系统的作用机制研究：以团队知识隐藏为中介"（72071033）；国家自然科学基金面上项目"防御定向、动机氛围对组织中知识隐藏的影响研究"（71571036）；辽宁省教育厅科学研究项目"合作创新中'知识分享—隐藏平衡'研究"（LN2019J12）。

　　作者简介：李浩（1973—），男，辽宁大连人，东北财经大学工商管理学院教授、博士生导师，博士，研究方向：知识管理与企业创新。冯钰（1993—），女，辽宁本溪人，东北财经大学工商管理学院博士研究生，研究方向：人力资源管理、知识管理。何秋萍（1992—），女，山东济南人，东北财经大学工商管理学院硕士研究生，研究方向：人力资源管理、知识管理。

人的知识请求时故意隐瞒或刻意掩饰的行为[7]。知识隐藏并非简单的知识分享欠缺（lack of knowledge sharing），它与知识分享不是对立的，而是两个独立的概念，分享强调的是一种自愿的行为，即主动地共享知识，知识分享欠缺可能是因为知识输出方不具备相关知识或者缺乏知识表达能力，也可能是因为知识接收方缺乏必要的知识基础和理解能力，而知识隐藏则是故意地不输出知识。

合作创新的双方可能同时隐藏和分享知识，即隐藏了一部分知识的同时，分享了另一部分知识[5, 8]，如果双方间不分享知识，共同存在的问题就无法解决，创新目标就无法达成；如果一方泄露了本不打算被分享的重要的组织知识，或是分享了过多的敏感性知识，那么自己的组织就会受到损害，包括丧失竞争性地位、损害声誉以及知识产权被盗[5, 9-11]。所以合作伙伴需要艺术性的技巧来平衡知识的分享和隐藏，以使两个组织的要求同时被满足，并能共同解决问题和实现创新目标。

如何识别合作创新中的知识分享和隐藏的失衡是个未解之题，虽然组织有一些扩大知识分享和加强知识隐藏的方法，但前提是要清楚目前合作中的知识分享和知识隐藏间是否处于平衡或失衡状态以及平衡的程度，才能采用相应的促进平衡的策略，既保证团队工作的顺利完成，又可以避免敏感性知识的泄露。因此，当前的理论缺口是缺乏将合作创新中"知识分享—隐藏平衡"作为一个构念剖析其内涵，并开发测量工具，用以分析和识别知识分享和隐藏的平衡状态和平衡程度的研究。本文首先通过多案例研究（研究 1），揭示合作创新中"知识分享—隐藏平衡"的内涵和维度，为"知识分享—隐藏平衡"的测量提供了构成框架和测量题项，研究 2 在研究 1 的基础上进一步通过大样本分析，开发并检验了"知识分享—隐藏平衡"的测量量表，提供了识别知识分享和隐藏的平衡状态和程度的测量工具。

1 文献回顾

合作创新是组织出于提高研发效率、分担研发投入、降低创新风险等目的，通过与合作伙伴合资或订立契约等形式进行联合开发的创新活动[1, 12]，合作创新的形式是多种多样的，但在实施中多体现为一个或一系列的创新项目。当前的管理实践中，双方合作创新和多方合作创新都是常见的，多方合作中也包含着双边关系，从研究主题和理论发展阶段性等方面考虑，本文关注和研究的是双方合作创新。

合作创新不仅是企业降低风险和缩减成本的重要战略，更是企业获取外部知识和能力的重要途径[1-2]。虽然不是所有的知识分享都能提高合作创新的绩效，但研究表明，2/3 的企业间合作中的知识分享活动显著地提升了创新绩效[3]。知识分享的前提是员工愿意成为知识提供者，但现实中合作方成员由于各种原因会隐藏自身的知识。知识分享在为参与合作者创造学习机会的同时，也为机会主义行为者提供了窃取合作者敏感性知识的便利条件，无私的分享者可能面临关键知识被合作伙伴窃取的风险[4-6]，这是知识隐藏的重要原因。合作创新团队的成员来自不同合作组织，他们是组织间的边界跨越者，他们的行为既受到合作方共同期望的约束，也要遵从母公司的愿望、服从母公司的安排[13]。一般情况下隐藏知识的员工通常会避免暴露[14]，但在合作创新中，为了贯彻组织意图，知识隐藏行为也可能很明显[5]。

在合作创新中，分属于不同组织的成员都可以采用一些维持知识分享和隐藏平衡的行为和策略。比如，将知识进行细分，视创新活动的需要，分享少部分的知识[8, 15]，这样合作伙伴的成员就不能知道知识的全貌，由于知识具有系统性和整体性，只掌握部分知识是不能完全理解技术诀窍或管理技能的。组织也可以选择分享知识的内容但隐藏知识的来源，如只分享初级产品的测试结果而隐瞒了这个测试是如何被设计的，这样合作者就不能单独测试而不再需要伙伴关系了。组织还可以只分享笼统的知识，而隐藏细节和具体的操作技巧[5, 16]，这样合作者可以基本理解知识并配合工作，但并不能独立运用此类知识创造价值。

已有研究表明合作创新中的知识分享能提高创新绩效，但知识隐藏有助于保护组织的竞争地位、维持合作的持续性，并初步提出了维持知识分享和隐藏平衡的思路和策略。虽然组织有一些促进平衡的方法，但前提是要清楚当前合作中的知识分享和知识隐藏间是否处于平衡或失衡状态以及平衡的程度，这样才能采用相应的促进平衡的策略，已有研究缺乏将合作创新中"知识分享—隐藏平衡"作为一个构念剖析其内涵，并对其进行有效的测量识别的内容，这也是本文的研究动机的来源和要解决的问题。

2　研究1："知识分享—隐藏平衡"构念及维度

2.1　研究设计

研究1采取的是多案例研究方法，原因有以下两点：一是案例研究适合于理论构建，调查研究适合理论检验，而合作创新中的"知识分享—隐藏平衡"问题，目前缺乏理论构念，需要采用案例研究方法探索构念及其维度；二是"知识分享—隐藏平衡"问题在合作创新企业中普遍存在，这时多案例研究相较于单案例研究更具说服力，可复制性和可拓展性更强，可以通过案例之间的比较，寻找多个案例间相互支持或对立的证据，使得提出的理论构念更为严谨。

案例研究对象的选择应符合理论抽样的原则，选取的企业要满足以下两方面要求：一是企业必须正在进行或者已经发生过合作创新项目；二是合作创新过程中有知识分享和知识隐藏行为。本文选择软件开发行业的企业作为研究对象，因为软件开发行业技术更迭速度快，对企业创新能力要求高；在实际中软件开发行业有丰富的案例企业采取合作创新方式开发新系统或者 APP，对于本文来说，能获得充分的研究资料；软件开发行业的合作创新过程中，包括需求捕捉、需求分析、设计、实现和测试等任务，企业之间容易发生知识流动，存在明显的知识分享和知识隐藏行为。本文选取的四组合作创新案例企业的基本情况见表 1。

表 1　案例研究对象简况

序号	合作研发项目	参与企业	企业成立时间	主营业务	专长
1	某系列儿童益智游戏产品（移动端）	大连新锐天地传媒有限公司（简称新锐天地）	2003 年	增强现实（augmented reality，AR）技术和新媒体教育产品专业研发	AR 技术产品设计与开发
		北京新东方教育科技（集团）有限公司大连分公司（简称大连新东方）	2001 年	教育培训科技	品牌和完善的教育知识体系
2	移动端的锁屏广告应用产品"一划赚"（移动端）	保定乔松信息科技有限责任公司（简称乔松科技）	2014 年	养老健康管理软件开发、服务、智能化设备开发	较强的软硬件技术服务
		保定一划智能科技有限公司（简称一划科技）	2015 年	广告移动推广服务	营销推广、交互设计
3	一款工业用的智能化控制系统（PC 端）	赤源动力（大连）科技有限责任公司（简称赤源动力）	2015 年	计算机软件及辅助设备技术开发和工业自动化控制系统研发及相关技术服务	工业自动化（智能化）控制系统研发
		大连开采夫信息技术有限公司（简称开采夫）	2014 年	计算机信息技术领域产品研发	研发技术
4	某检察院公检法系统（PC 端）	华宇（大连）信息服务有限公司（简称大连华宇）	2012 年	电子政务解决方案提供商	电子政务系统设计、开发
		大连东软思维科技发展有限公司（简称东软思维）	2004 年	IT 服务外包业务和 BPO 业务	软件开发

注：IT 即 information technology，信息技术，BPO 即 business process outsourcing，业务流程外包

研究采用理论抽样方法，自 2017 年 4 月到 8 月到研究的企业进行多次深入访谈。研究访谈对象包括公司总经理、首席执行官（chief executive officer，CEO）助理、技术部经理、项目负责人和部分参与合作项目的知识型成员等利益相关者。访谈中采用半结构化访谈，将访谈提纲提问和确认追问相结合，尽可能获取研究所需的详细信息。除正式访谈外，团队还借助其他渠道进一步收集案例企业与本文主题相关的资料，包括企业间合作创新项目的人员分工、会议记录、技术可行性分析报告、产品原型图和需求文档等，也搜集了外部二手资料，包括企业网站资料和相关新闻信息。除了正式访谈，作者还继续通过 E-mail、电话和微信等方式与各企业主要访谈对象保持联系，对遗漏或不齐全的信息进行补充和完善。在整个数据收集过程中，运用三角验证方法，保证了数据收集和分析的效度。

2.2　研究发现

研究运用了三级编码的数据分析方法，揭示了合作创新中"知识分享—隐藏平衡"的本质和维度，编码过程见表 2。

表2　合作创新中"知识分享—隐藏平衡"的编码过程

典型证据示例	副范畴	主范畴	核心范畴
·　东软思维在软件开发服务上积累了很多经验，而我们一直在做电子政务这块，我们也知道东软思维对系统设计不太熟悉，所以我们先把原型图设计出来，让东软思维来代码实现，这样节省了开发时间（大连华宇项目经理）； ·　不能因为合作让对方掌握了你的核心知识，这对自己和所在公司都不利，所以核心知识只能由核心的那几个人掌握，而且都有保密协议（大连新东方技术部核心成员）	各具专长 知识互补 保留核心知识 动态维持	维持优势	知识分享— 隐藏平衡
·　合作关键在于将双方的专长融合起来，有效利用知识达到解决问题的目的（大连新东方雷总）； ·　分享的目的在于推进合作任务的完成，但是分享太多也会影响完成时间，互联网产品更新迭代非常快，因此，必须提供合作最需要的知识，高效率完成（乔松科技技术经理）	知识整合有效 主动解决问题 推进任务完成 任务完成效率高	知识利用	
·　和大连新东方开展合作时会建立商务合作联合项目组，内容、技术、渠道都会有专业对接人，负责对接一些具体问题，每个人都有自己的任务，双方对接人会进行监控和协调（新锐天地总经理助理雷总）； ·　我们团队内成员沟通比较方便，每周有定期会议，遇到问题也可找相关人员商量（乔松科技某程序员）； ·　成员间有分工，分享该分享的，配合默契，才能使工作有序开展，要不然什么都不说或者什么都说，岂不是乱了套（一划科技设计部成员）	任务分工明确 工作重复率低 沟通顺畅 配合默契 工作开展有序 协调成本低	协调有效	
·　在项目正式开始前，我们双方负责人会在一起交流沟通多次，商量各自投入多少，项目成功后所得多少，知识的投入与所得要成正比（赤源动力李总）； ·　在合作中一方面要知识分享以满足合作需要，另一方面需要隐藏、保护自己的核心知识以免泄露，伤害本组织利益，这样才能共同发展（开采夫项目负责人）	共同投入 满足合作需要 自身得到好处 保护组织利益 共同发展	互利共赢	
·　正常的合作，把沟通协调、信息交流做好，运用自己专长做好自己任务，应该就有一个不错的结果，对合作满意也容易对合作伙伴满意，从而持续合作下去的意愿就很强烈（大连新东方技术经理）； ·　在合作过程中如果对方产品经理不配合沟通，或者总是不断地改变idea（想法），提新需求，都会引起我们技术人员的反感，下一次也不想跟其合作了（东软思维技术经理）	合作结果满意 合作伙伴满意 持续合作意愿 友好关系	合作满意	

　　合作创新中"知识分享—隐藏平衡"包括5个维度。①维持优势。合作创新中知识分享和知识隐藏失衡的一个重要表现是有一方或者两方失去知识优势，即泄露了本组织的核心知识，失去专长优势，即使对方不会直接做出伤害行为，但合作伙伴会利用泄露出的敏感知识逐渐发展出独立的创新能力，能独立地解决创新问题、完成创新任务，失去知识优势的一方会丧失主动性。②知识利用。知识分享行为实现了合作者之间对差异化知识的整合与利用，知识有效整合是将合作双方的专长知识有效率地整合起来以完成创新任务。知识隐藏不利于对方整合所需知识，会影响任务的完成。知识分享和隐藏的平衡也意味着问题能够有效解决，工作任务能被高效率地完成。③协调有效。协调默契意味着参与合作创新项目的成员任

务分工是明确的，即项目成员各有明确的工作安排、工作重复率低，可以通过正式（如研讨会）或非正式（电话、邮件和微信交流）渠道实现知识的交流与分享。明确的任务分工和顺畅的沟通使得双方之间默契配合，有序开展工作，同样，如果合作是有效率的，那么成员之间交流也不会过于频繁，否则会增加时间成本。④互利共赢。双方在合作过程中遵循互惠互利的原则，既满足合作双方需要，也维护本组织利益，既共同发展，也独立进步，这是平衡的重要体现。合作双方既分享知识满足合作需要，又适当隐藏知识维持自身利益，即保护自身利益的同时满足合作双方共同需要，通过共同投入来满足合作双方需要和自身利益的平衡。⑤合作满意。合作满意则是对合作结果、合作伙伴是否满意的衡量，这种满意度会影响合作的持续性，以及合作友好关系的建立与维持。理想的合作创新中，知识分享和知识隐藏的平衡要实现合作双方尽量可持续的合作以及可持续的友好关系，这样可以保证双方可持续地受益。

合作创新中"知识分享—隐藏平衡"的 5 个维度互相补充。第一，虽然合作创新需要各具专长的伙伴主动分享知识，但是也需要适当隐藏和保留核心知识，维持自己的专长优势。第二，知识分享是知识利用的前提，知识的有效利用是完成创新任务的必要条件，不同类型知识相互整合是知识有效利用的动力，合作伙伴将彼此知识有效整合，主动解决创新过程中遇到的问题，能够提高创新效率。第三，合作创新需要有明确的任务分工，顺畅的沟通机制，从而使合作各方有效配合、工作重复率低，工作有序开展。第四，合作创新中成员的行为既受到合作方一系列共同期望的约束，也要遵从其雇佣组织的愿望和安排、不能损害本组织的利益，所以知识分享需要既满足合作创新的需要又要满足本组织利益，共同投入共同发展，达到互利共赢。第五，平衡的实现促成了合作双方可持续的合作、可持续的友好关系和可持续的受益。

3　研究 2："知识分享—隐藏平衡"量表开发与检验

3.1　研究设计

基于研究 1 的结果，将平衡分为 5 个维度，编制了初始测量条目，通过专家讨论，对初始测量条目做了简化与合并，删除了意思表达模糊、缺乏代表性的题项后，保留了 30 个测量条目，并根据专家意见对条目表达做了修改，以确保各测量题项语义明确、没有歧义，且具备准确性和可读性。进一步，我们做了预测试，预测试的调查样本是参与过或正在参与合作创新的企业或组织的管理者与员工，问卷的发放和收集主要通过以下两种形式实现：一是当面发放，联系了 12 家拥有合作创新经验的企业，在合作双方中各选择了 3～5 名成员进行问卷调查，受访者中既有企业管理人员，也有普通员工；二是委托发放，委托各个企业的联系人将问卷转发给其所在企业的合作创新人员。预测试共发放问卷 170 份，收回 148 份，其中有效问卷 144 份，问卷有效率为 84.71%。

　　预测试采用主成分分析法抽取因子，使用最大方差法对坐标轴进行正交旋转，通过以下两个标准对各个题项是否应予以保留做出判断：一是被保留题项在某一因子上的载荷应大于0.5，各因子所包括测量题项的平均载荷应不小于0.6；二是被保留题项不存在交叉载荷，即每个因子下的题项在其他因子上的载荷不应超过0.4。在对30个题项进行第一次探索性因子分析后发现，X_{20}和X_{26}的因子载荷分别为0.456和0.473，小于0.5的判断标准，故将其剔除。其他28个题项因子载荷均在0.506~0.838，满足大于0.5的要求，且未出现同时在两个或两个以上因子上的载荷均超过0.4的情况，因此对这28个题项予以保留，其中6个问题测量维持优势，6个问题测量知识利用，6个问题测量协调有效，5个问题测量互利共赢，5个问题测量合作满意。量表内容见表3。

表3　合作创新中"知识分享—隐藏平衡"测量量表详细内容

构念维度	测量题项
维持优势	X_1.我们的合作伙伴具备较强的专业知识和技术能力
	X_2.我们与合作伙伴在知识或能力上存在互补
	X_3.我们能够选择适当的时机与对方分享知识
	X_4.我们能够根据环境变化不断调整自己的知识分享行为
	X_5.此次合作造成了我们公司核心知识的泄漏
	X_6.此次合作威胁到了我们公司原本的竞争优势
知识利用	X_7.我们能将自己与合作伙伴的知识很好地结合在一起
	X_8.我们能将不同领域的知识结合在一起
	X_9.合作伙伴经常会提供他们对于项目的意见和看法
	X_{10}.合作伙伴的技术知识很好地解决了合作中出现的问题
	X_{11}.我们能将各自的知识和专长应用到合作过程中
	X_{12}.我们通过知识分享很好地推进了工作进度
协调有效	X_{13}.合作伙伴能够清晰地表达自己的知识
	X_{14}.我们与合作伙伴对于该做什么很少产生误解
	X_{15}.我们与合作伙伴在一起工作时协调得很好
	X_{16}.我们与合作伙伴在工作中的任务分工十分明确
	X_{17}.我们对于如何完成任务感到非常混乱
	X_{18}.我们经常需要回头对已经做过的工作重新做一次
互利共赢	X_{19}.此次合作创新达到了我们预期的目的
	X_{21}.此次合作很大地降低了我们的研发成本
	X_{22}.我们从合作伙伴那里学习到很多重要知识和技能
	X_{23}.通过合作我们公司的核心技术水平显著提高
	X_{24}.通过合作我们员工的工作技能有了明显改善

续表

构念维度	测量题项
合作满意	X_{25}.我们与合作伙伴有着共同的愿景
	X_{27}.合作伙伴在工作中存在弄虚作假行为
	X_{28}.我们对此次合作的结果十分满意
	X_{29}.我们期待再一次与该伙伴进行合作
	X_{30}.我们对与该伙伴未来的合作充满信心

数据收集工作共计向 104 个企业的 684 个成员发放了问卷，最终有效回收 96 个企业的 620 份问卷，剔除了有效回收率低的 7 个企业和填答不完整和存在明显质量问题的问卷后最终剩余来自 89 家企业的 566 份有效问卷，有效问卷回收为 82.75%，其中普通员工和管理者的人数分别为 412 人和 154 人；样本企业中外资企业占 47.2%、民营企业占 38.2%、国有企业占 14.6%；信息和计算机服务行业占 52.8%，金融业占 14.6%，制造业占 20.2%，生物、医疗和制药行业占 6.8%，其他行业 5.6%。

合作创新中"知识分享—隐藏平衡"为组织层的变量，虽然平衡适合从个体层面进行测量，但在获得个体层面的原始数据之后，为保证数据聚合的有效性，需要采用成员内部一致性系数 R_{wg} 和组内相关系数 ICC（1）、ICC（2）对调查所得的个体样本数据进行聚合检验。利用 R3.3.1 软件进行聚合检验，结果显示，89 家样本企业数据的组内一致性指标 R_{wg} 均在 0.82~0.98，整体平均值为 0.93；组内相关系数 ICC（1）为 0.48、ICC（2）为 0.86，分别大于经验值 0.05 和 0.50，这充分表明可以将个体层面的数据汇聚到组织层面进行分析。

3.2 质量检验

在内部一致性方面，维持优势、知识利用、协调有效、互利共赢和合作满意 Cronbach's α 系数分别是 0.831、0.842、0.837、0.826、0.864，大于 0.7 标准水平。总量表的 Cronbach's α 系数为 0.855，表明该量表的内部一致性较高。运用软件 Amos 20.0 对正式调查所得数据（$N=$ 566）进行了探索性因子分析，通过对样本数据进行探索性因子分析，分别将 5 个因子和 28 个题项作为潜变量和观测变量，构建路径分析图，具体内容和数据如图 1 所示。Amos 20.0 的输出结果如下：$\chi^2/df=2.113$（<3）、RMSEA $=0.092$（<0.10）、RMR=0.014（<0.05）、PNFI=0.640（>0.5）、GFI=0.934（>0.9）、CFI=0.821（>0.8）[①]，说明该量表拟合比较理想，因素模型可以和复测数据相拟合，即研究建立的知识分享—隐藏平衡模型可以接受。

---

① RMSEA 即 root-mean-square error of approximation，近似误差均方根；RMR 即 root of the mean square residual，均方根残差；PNFI 即 parsimonious normed fit index，省俭规范拟合指数；GFI 即 goodness-of-fit index，拟合优度指数；CFI 即 comparative fit index，比较拟合指数。

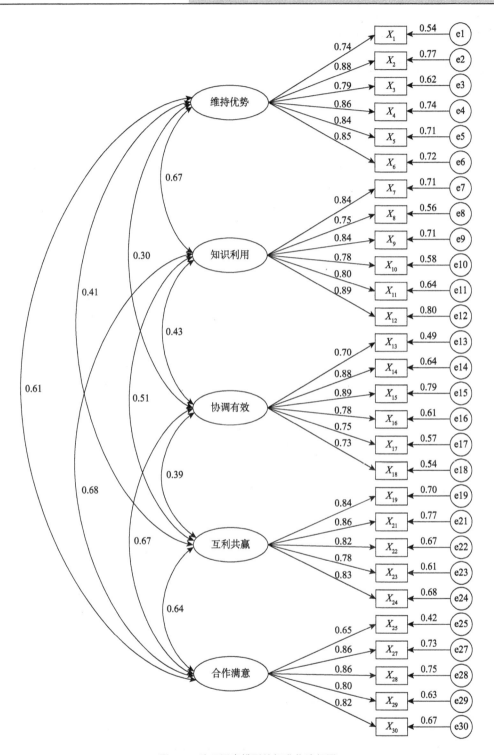

图 1　一阶五因素模型的标准化路径图

本文进一步从内容效度、收敛效度和区分效度三个方面对初步开发的"知识分享—隐藏平衡"量表的效度进行了检验。

3.2.1　内容效度

研究 1 的案例研究是基于系统化的文献分析，并结合企业访谈，界定"知识分享—隐藏平衡"并划分出维度。调查研究中，量表题项的选择紧紧围绕平衡的概念和内涵展开，并尽可能地保证了题项完整和充分，在初步确定了题项之后，针对题项的含义和表述两方面对相关领域的专家进行了访谈，通过题项的删减、补充和结构调整，保证题项的有效性和题型分布的合理性。最后通过预测试来净化量表，通过对量表进行信度分析和探索性因子分析，保证问卷的各个题项能够较好地反映平衡的主要方面。因此可以认为开发的量表具备良好的内容效度。

3.2.2　收敛效度

对收敛效度的检验主要通过各个题项的因子载荷和平均抽取方差（average variance extracted，AVE）两个指标来实现。其中，AVE 反映了潜变量变异量对项目总变异量的解释和贡献的占比，可以通过公式 $AVE=(\sum \lambda^2)/n$ 计算获得（其中，n 为某因子中的题目数；λ 为因子载荷值，一般使用验证性因子分析结果中的路径系数，且要求达到显著水平），该值越大，说明该题项或该量表对共同因子的潜在性质的反映越准确有效。根据公式计算出维持优势、知识利用、协调有效、互利共赢、合作满意 5 个潜变量的平均方差抽取量，计算结果见表 4。各个观测变量与潜变量的标准化系数均大于 0.60（详见表 4 第 3 列）。此外，计算各潜变量的 AVE 值在 0.63～0.69，满足 0.5 的最低标准，表明量表具备较高的收敛效度。

表 4　收敛效度分析结果

潜变量	题项代码	因子载荷	残差	平均抽取方差
维持优势	X_1	0.74	0.54	0.69
	X_2	0.88	0.77	
	X_3	0.79	0.62	
	X_4	0.86	0.74	
	X_5	0.84	0.71	
	X_6	0.85	0.72	
知识利用	X_7	0.84	0.71	0.67
	X_8	0.75	0.56	
	X_9	0.84	0.71	
	X_{10}	0.78	0.58	
	X_{11}	0.80	0.64	
	X_{12}	0.89	0.80	

续表

潜变量	题项代码	因子载荷	残差	平均抽取方差
协调有效	X_{13}	0.70	0.49	0.63
	X_{14}	0.88	0.64	
	X_{15}	0.89	0.79	
	X_{16}	0.78	0.61	
	X_{17}	0.75	0.57	
	X_{18}	0.73	0.54	
互利共赢	X_{19}	0.84	0.70	0.68
	X_{21}	0.86	0.77	
	X_{22}	0.82	0.67	
	X_{23}	0.78	0.61	
	X_{24}	0.83	0.68	
合作满意	X_{25}	0.65	0.42	0.64
	X_{27}	0.86	0.73	
	X_{28}	0.86	0.75	
	X_{29}	0.80	0.63	
	X_{30}	0.82	0.67	

3.2.3 区分效度

研究通过考察因子的 AVE 值和因子间的相关系数来判断量表的区分效度，如果前者的平方根大于后者，则表示量表具有较好的区别效度；反之，则说明量表的区分效度不够好。计算后的数据结果如表 5 所示，在该表中对角线上的数和对角线之外的数值分别表示各维度 AVE 的平方根和维度间的相关系数。由表 5 可知"知识分享—隐藏平衡"量表各维度的 AVE 的平方根均大于 0.7，因子之间的相关系数均小于 0.7，由此可见量表具有较好的区分效度。

表 5　区分效度分析结果

潜变量	维持优势	知识利用	协调有效	互利共赢	合作满意
维持优势	0.79				
知识利用	0.43**	0.82			
协调有效	0.30**	0.67**	0.83		
互利共赢	0.39**	0.51**	0.41**	0.82	
合作满意	0.67**	0.68**	0.61**	0.64**	0.80

**表示在 $p<0.01$ 水平上（双尾）相关性显著

4　讨论与结论

本文采用了案例研究和调查研究相结合的方法，将合作创新中的"知识分享—隐藏平衡"作为一个构念，揭示了其内涵和维度，开发并检验了"知识分享—隐藏平衡"的测量量表，提供了识别知识分享和隐藏的平衡状态和程度的测量工具。基于研究结果，本文将合作创新中"知识分享—隐藏平衡"这一构念界定为：合作创新各方为满足合作任务需要和防止知识泄露，在合作过程中适度分享本组织知识，以达到维持优势、知识利用、协调有效、互利共赢和合作满意的相对平衡状态。

本文的理论贡献包含以下四方面。

第一，本文为合作创新绩效和可持续性的平衡、合作创新双方当前利益和未来利益的平衡提供了识别和度量工具。合作创新企业在共同解决问题、合作研发的同时，也在相互学习、分享知识。一方知识的过度分享会打破合作的平衡，虽然较高的知识分享度对提高当前的创新绩效是有利的，但会导致过度分享方失去专长和知识优势，合作伙伴会逐渐发展出独立的创新能力，能够独立地解决创新问题、完成创新任务[12, 17]，知识分工的基础被削弱，合作变得不可持续，合作创新双方将不能从持续合作中获得长期利益。过度隐藏知识则会使得合作双方不能充分了解彼此的工作和任务范围[18]，会削弱合作的默契程度，也会削弱创新绩效，直接降低合作双方的当前收益。理想的状态是合作双方能够识别和度量合作创新绩效和可持续性的平衡状态和程度，为了平衡合作创新双方的当前利益和未来利益，而采取知识分享和隐藏调整策略。本文对合作创新中的"知识分享—隐藏平衡"内涵剖析和测量工具的开发，为合作创新绩效和可持续性的平衡、合作创新双方当前利益和未来利益的平衡提供了识别和度量工具，发展了合作创新理论。

第二，本文提供了一种合作创新风险的识别和控制机制。已有研究大多关注如何通过知识分享提高创新绩效[19-20]，而过度的知识分享也会增加合作创新的风险，包括丧失竞争性地位、损害声誉以及知识产权被盗[9, 21]。作为合作创新中知识保护的措施，如申请专利、完善合作契约、分层合作等[20, 22]被运用到合作创新中，以降低合作创新风险，但从合作创新双方间知识分享和知识隐藏平衡的视角来识别和控制创新风险的研究尚未见到。本文的研究提供了一种合作创新风险的识别和控制机制，通过对合作创新中的"知识分享—隐藏平衡"的认识，揭示了一种既保证合作创新绩效又有效控制创新风险的理论思路。

第三，本文将知识分享与知识隐藏纳入一个研究框架，发展了一个新的构念，并把知识隐藏研究拓展到了组织间层面。知识分享（转移、共享、交换）多年来一直是知识管理的重要研究分支，有关知识分享过程、机理、影响因素等的研究成果丰厚，与之相比，知识隐藏是近年来知识分享理论发展中出现的新构念和研究的新问题，相关研究还较少。本文尝试将知识分享和知识隐藏两个构念纳入一个研究框架,分析了二者的平衡问题,并发展出了合作创新中的"知识分享—隐藏平衡"这样一个新的构念。有关知识隐藏的已有研究主要在组织内个体或团队层面,本文将知识隐藏研究拓展到了组织间层面,使得这个概念能用于解释组织间协作的绩效、风险和可持续性等问题。这些探索实际上也是知识分享理论发展到现阶段必须面临的研究课题,促进了知识分享理论与合作创新理论、组织间协作理论的整合。

第四,本文揭示了反直觉的现象,即知识分享并不是越多越好,知识隐藏也并非只存在消极作用。知识分享的积极作用被已有研究较多地提及和检验,而知识隐藏被认为既削弱了组织绩效、抑制了同事的创造力,又会引发同事间不信任,具有较多的消极作用。本文在组织间协作层面的研究,发现适当地分享一部分知识是有利于合作创新绩效和维持合作关系的,过则必反,适度地隐藏一部分知识也有助于维持组织的知识优势和维护组织利益,在合作创新中组织要追求知识分享和知识隐藏的平衡。这实际上揭示了一种反直觉的现象,在合作创新中,知识分享并非只有积极作用,知识隐藏也并非只有消极影响,本文也是对知识隐藏积极作用的探索。

在我国当前的管理实践中,大量组织仍然在努力创立有效的合作创新项目,不可避免地要面对知识分享和隐藏的平衡问题,知识窃取也是导致合作创新失败的重要风险要素。基于本文的研究结果,企业可以采用知识分享和知识隐藏的平衡策略,同时提高合作创新绩效、规避创新风险、延长合作的可持续性。未来的研究可以将本文提出的合作创新中的"知识分享—隐藏平衡"这样一个新的构念引入不同的研究模型中,基于本文提供的测量量表,研究"知识分享—隐藏平衡"与其他构念的关系,如在不同情境下探索"知识分享—隐藏平衡"的影响因素,或探索它的各种后果,进一步丰富和拓展合作创新、知识管理等理论。

参考文献

[1] Tatarynowicz A, Sytch M, Gulati R. Environmental demands and the emergence of social structure: technological dynamism and interorganizational network forms[J]. Administrative Science Quarterly, 2016, 61 (1): 52-86.

[2] 刘颖琦, 王静宇, Ari K. 产业联盟中知识转移、技术创新对中国新能源汽车产业发展的影响[J]. 中国软科学, 2016, 25 (5): 1-11.

[3] Gravier M J, Randall W S, Strutton D. Investigating the role of knowledge in alliance performance[J]. Journal of Knowledge Management, 2008, 12 (4): 117-130.

[4] Cohen S K, Hsu S T, Dahlin K B. With whom do technology sponsors partner during technology battles?Social networking strategies for unproven(and proven)technologies[J]. Organization Science, 2016, 27(4): 846-872.

[5] Jarvenpaa S L, Majchrzak A. Interactive self-regulatory theory for sharing and protecting in interorganizational

collaborations[J]. Academy of Management Review, 2016, 41（1）: 9-27.

[6] 刁丽琳. 合作创新中知识窃取和保护的演化博弈研究[J]. 科学学研究, 2012, 30（5）: 721-728.

[7] Connelly C E, Zweig D, Webster J, et al. Knowledge hiding in organizations[J]. Journal of Organizational Behavior, 2012, 33（1）: 64-88.

[8] Nelson A J. How to share "a really good secret": managing sharing/secrecy tensions around scientific knowledge disclosure[J]. Organization Science, 2016, 27（2）: 265-285.

[9] Faems D, Janssens M, Madhok A, et al. Toward an integrative perspective on alliance governance: connecting contract design, trust dynamics, and contract application[J]. Academy of Management Journal, 2008, 51（6）: 1053-1078.

[10] Pajunen K, Fang L. Dialectical tensions and path dependence in international joint venture evolution and termination[J]. Asia Pacific Journal of Management, 2013, 30（2）: 577-600.

[11] 杨震宁, 李晶晶. 技术战略联盟间知识转移、技术成果保护与创新[J]. 科研管理, 2013, 34（8）: 17-26.

[12] Faems D, van Looy B, Debackere K. Interorganizational collaboration and innovation: toward a portfolio approach[J]. Journal of Product Innovation Management, 2005, 22（3）: 238-250.

[13] Li J T, Hambrick D C. Factional groups: a new vantage on demographic faultlines, conflict, and disintegration in work teams[J]. Academy of Management Journal, 2005, 48（5）: 794-813.

[14] Argote L, Ingram P. Knowledge transfer: a basis for competitive advantage in firms[J]. Organizational Behavior and Human Decision Processes, 2000, 82（1）: 150-169.

[15] Bouty I. Interpersonal and interaction influences on informal resource exchanges between R&D researchers across organizational boundaries[J]. Academy of Management Journal, 2000, 43（1）: 50-65.

[16] Sydow J, Windeler A. Knowledge, trust, and control: managing tensions and contradictions in a regional network of service firms[J]. International Studies of Management & Organization, 2003, 33（2）: 69-100.

[17] van Beers C, Zand F. R&D cooperation, partner diversity, and innovation performance: an empirical analysis[J]. Journal of Product Innovation Management, 2014, 31（2）: 292-312.

[18] Jarvenpaa S L, Välikangas L. Opportunity creation in innovation networks: interactive revealing practices[J]. California Management Review, 2014, 57（1）: 67-87.

[19] 张庆红, 全嫦哲. 组织中的知识分享: 理论基础、研究综述与展望[J]. 中国人力资源开发, 2016, 25（17）: 6-13, 22.

[20] Bogers M, Lhuillery S. A functional perspective on learning and innovation: investigating the organization of absorptive capacity[J]. Industry and Innovation, 2011, 18（6）: 581-610.

[21] 李晶晶, 杨震宁. 技术战略联盟、知识产权保护与创新———一个跨案例研究[J]. 科学学研究, 2012, 30（5）: 696-705.

[22] 宁烨, 樊治平, 冯博. 知识联盟中知识共享的博弈分析[J]. 东北大学学报, 2006, 30（9）: 1046-1049.

Construct，Dimension and Measure of Knowledge Sharing and Hiding Balance in Cooperative Innovation

Li Hao，Feng Yu，He Qiuping

（School of Business Administration，Dongbei University of Finance and Economics，Dalian Liaoning 116025，China）

Abstract：It's necessary to propose an expanded framework of knowledge sharing and hiding balance（KSHB）that includes knowledge sharing and knowledge hiding.According to case study，the KSHB is recognized as a multidimensional construct that includes sustaining advantage，knowledge utilization，effective coordination，mutual benefit and satisfactory cooperation.Empirical evidence not only defines the KSHB but also develops and supports the use of the knowledge sharing and hiding balance scale（KSHBS）as a valid and reliable multidimensional measure.The KSHBS provides not only an identification and measurement tool for the balance between the performance and sustainability of cooperation and innovation and between the current and future interests of both parties，but also underlying mechanism for identification and control of cooperative and innovative risk.As a counter-intuitive view，it reveals the negative effect of knowledge sharing and the positive effect of knowledge hiding.

Keywords：cooperative innovation；knowledge sharing；knowledge hiding

不同认知风格下创业失败学习对新创企业绩效的影响路径*

张秀娥，李梦莹，李帅

（吉林大学 商学院，长春 130012）

摘要：本文使用 SPSS 和 Amos 软件进行实证分析，检验了创业失败学习对新创企业绩效的影响路径。结果表明：创业失败学习能够提升新创企业绩效；创业失败学习能够通过影响机会相关能力和管理相关能力进而提升新创企业绩效；创业失败学习对新创企业绩效的影响路径因创业者认知风格不同而有所差异，即当创业者属于直觉型认知风格时，创业失败学习主要通过机会相关能力提升新创企业绩效，当创业者属于分析型认知风格时，创业失败学习主要通过管理相关能力提升新创企业绩效。

关键词：创业失败学习；认知风格；机会相关能力；管理相关能力；新创企业绩效

中图分类号：F270   文献标识码：A

1 研究背景

随着"大众创业、万众创新"理念的深入贯彻，我国创业环境不断优化，新创企业已经成为我国经济发展的巨大推力。虽然我国创业较为活跃，但创业是一项风险极高的活动，多数创业者都经历过创业失败。相比多数发达国家来说，我国企业的生命周期较短，56.1%的企业在 5 年内死亡[1]。失败率的日益增加使学者逐渐开始重视创业失败领域

*基金项目：吉林大学基本科研业务费"农业企业绿色创业驱动因素及其绩效转化机制研究"（2020SZQH06）；吉林大学基本科研业务费"组织韧性的测量、形成机制及对中小企业可持续发展的影响：基于突发事件应对视角"（2020XGZX22）；吉林省科技发展计划项目"乡村振兴战略背景下吉林省农村创业研究"（20200101057FG）；吉林大学基本科研业务费"新时代背景下吉林大学创新创业教育模式研究"（SYZ2017002）。

作者简介：张秀娥（1963—），女，吉林东丰人，吉林大学商学院教授、博士生导师，研究方向：创新创业管理。（通讯作者）李梦莹（1994—），女，河南焦作人，吉林大学商学院博士研究生，研究方向：创新创业管理。李帅（1981—），男，吉林东辽人，吉林大学商学院党委副书记兼副院长、副研究员，研究方向：高校学生思想政治教育。

的研究，创业失败学习是创业失败领域的重要变量。创业是一个动态的过程，需要不断学习，创业学习是创业者不断积累相关经验，并将其内化为自身知识的一个过程，创业失败学习是在失败情境下的一种独特学习模式，是一种重要的经验学习。目前关注创业失败学习的相关文献主要集中于两个方面：创业失败学习的驱动因素与结果研究。创业失败学习的前因变量主要有创业失败经历[2]、创业失败归因[3]和创业者元认知监控[4]等。创业失败学习的结果变量包括再创业意愿[3]和新创企业成长[5]等。创业失败学习对再创业结果的影响是说明失败价值的重要依据，王华锋等[6]提出创业失败学习能够提升新创企业绩效。

　　虽然已经有研究探讨了创业失败学习与新创企业绩效之间的关系，但是创业失败学习通过何种机制影响新创企业绩效鲜有人研究，也没有对创业失败学习与新创企业绩效的内在作用机理进行清晰解释。创业学习理论指出学习是一个长期积累的过程，在这个过程中能够获取知识[7]，提升能力，并进一步影响个体行为与绩效[8]。创业者是创业过程中的关键人物，创业失败学习固然重要，但是失败学习最终对再创业结果产生怎样的影响，取决于创业失败学习是否促进了创业者能力。因此，本文认为创业失败学习主要通过提升创业能力进而影响新创企业绩效。机会的有效识别和利用是创业的开始，是企业获取竞争优势的关键，创业者的管理能力是保持企业正常运营的基础，因此，本文借鉴先前研究，认为创业能力包含机会相关能力和管理相关能力两个方面[9]。虽然创业失败学习能够影响机会相关能力和管理相关能力，但是影响大小具有个体差异。认知风格是指个体对信息的组织、表示和处理的偏好和习惯方法[10]，对学习效果有重要影响。认知风格可以分为直觉型认知风格和分析型认知风格，不同的认知风格使得不同的创业能力得到提升[11]。基于此，本文根据创业学习理论和认知理论，研究创业失败学习影响新创企业绩效的内在机制，探索在不同认知风格下，创业失败学习通过创业者个人能力对新创企业绩效产生影响的过程，打开创业失败学习对新创企业绩效作用的黑箱。研究结果能够帮助创业者正确看待创业失败，促使创业者从以往的失败经验中进行学习，提升新创企业绩效。

2　理论评述与假设提出

2.1　创业失败学习与新创企业绩效

　　创业失败是当前学术界重要的研究议题，通常与企业关闭、退出、解散、中止、倒闭、破产等术语相关。Theng 和 Boon[12]将创业失败定义为企业没有能力吸引新的债务融资或股权融资以扭转衰退局势，也就是说，在现有的所有权和经营权下，它不能继续维持经营。Boso 等[13]将创业失败定义为由财务原因造成的经营行为终止。创业失败伴随着财务、社会和创业者心理方面的一些损失，在经历创业失败之后能否从悲痛中恢复，从失败经历中进行学习是当前的研究热点。创业失败学习是企业家利用以前的失败经验来识别和利用新机会、开发新知识[14]。王华锋等[2]认为创业失败经历与创业失败学习呈倒"U"形关系，也就是说适度的失败能促进创业失败学习。郝喜玲和朱兆珍[4]提出元认知监控对创业者是否进行创业失败学习具有重要影响。还有一些学者探索了创业失败学习的结果变量。于晓宇等[3]提出创业失败学习能够影响再创业意愿，单环学习能提升再创业意愿，双环学习会降低再创业意愿。黎常等[5]认为创业失败学习有助于企业成长。

一些研究指出创业失败经历能够促进新创企业绩效提升。Shepherd 和 Cardon[15]提出创业失败经历为创业者提供了经验资源，他们可以在随后创建和发展新企业的过程中利用该资源，提升新创企业绩效。但是也有研究表明，创业失败经验不一定能够提升新创企业绩效。Yamakawa 和 Cardon[16]研究了日本第二次创业的企业家，发现企业失败经验与新的企业成长之间没有任何关系。Ucbasaran 等[17]发现失败企业的比例与企业家拥有的新企业数量之间存在倒"U"形关系。Boso 等[13]指出创业失败经验对新创企业绩效的影响是通过创业失败学习引致的，也就是说，创业失败经历必须激发创业中的学习过程才能对新创企业绩效产生影响。由此可知，创业失败本身不具有意义，只有从失败经验中学习才能使创业失败经验具有意义。

创业失败学习被定义为企业家利用以前的失败经验来识别和利用新机会、开发新知识的认知能力[17]。Shepherd[18]认为创业失败学习是企业家通过集成创业失败的反馈信息来提升如何有效处理创业相关知识的能力。Matlay 和 Thomas[19]认为学习是一种动态发展的能力，它决定了创业者整合、构建和重新配置多个知识来源以识别和利用机会的能力，因此学习决定了企业家从先前的创业失败中汲取经验并重新组合经验以开发新的商业机会的速度和程度。创业失败学习能够提升创业者的风险应对技能，使其能够更有经验地应对并处理遇到的困难和挑战，而应对困难的经验与技能是获得企业绩效的保障。另外，创业失败学习能够帮助创业者更客观和清楚地评估自身与企业的现状，有利于企业战略的制定，与外部环境相匹配的战略有助于提升新创企业的绩效。基于此，本文提出如下假设。

H1：创业失败学习能够提升新创企业绩效。

2.2 创业失败学习和创业能力

创业能力是促使创业者成功完成创业活动的重要因素，包括知识、技能、态度和动机等[20]。创业能力是一种可以通过后天学习获得的能力，创业失败学习是一种独特的经验学习，能够提升创业能力。创业能力是一个多维度概念。当企业处于动荡的环境中时，需要具备识别和利用机会的能力以及相应的管理能力才能维持企业的竞争优势并获取绩效[21]。机会的有效识别、开发和利用是创业开始的基础，是企业获取竞争优势的关键。因此，机会识别和利用等方面的能力是创业的核心能力。创业者的管理能力是保持企业正常运营的基础。El-Namaki[22]发现，缺乏管理能力是创业失败的最主要原因。Aramand 和 Valliere[23]强调创业者应该具备风险管理、资源配置以及网络管理的能力，这有助于企业的可持续发展。由此可知，识别和利用机会的能力以及管理能力对创业企业来说尤为重要，因此本文借鉴张玉利和王晓文[9]的研究，将创业能力分为机会相关能力和管理相关能力两个维度。其中，机会相关能力是指与机会的识别、开发和利用有关的能力，管理相关能力是指配置资源、设定并调整战略、激励员工、维护社会网络等方面的能力。

创业失败学习提供了找出失败原因的机会，失败经验使创业者有机会发现以前不可预知的不确定性，这意味着失败学习可以作为解决不确定性的一种强大机制。这与McGrath[24]的观点一致，失败可以对企业家的知识基础产生积极的影响，对先前失败经历的学习有助于他们减少创业活动的不确定性，增加知识的多样性，扩大对新机遇的寻求。另外，创业失败学习能够帮助创业者更深入地了解行业知识，使其具备更强的搜索、关联和评估新的商业机会信息的能力。Eggers和Song[25]认为，先前的创业失败经验为创业者提供了隐性知识，创业者通过学习这些知识有助于在不确定性和时间压力下对创业机会做出决策，更好地把握商业机会，应对不确定性。

创业失败学习可以使企业家将失败教训与个人经验结合起来，从而储备知识，使创业者掌握创业方面的技能，增强管理相关能力。Hessels等[26]提出经历过创业失败的企业家比那些没有经历过创业失败的企业家具有更多创业相关技能。创业失败学习使创业者形成了一种创业思维和解决问题的能力，对动态的环境更加敏锐，有助于调整企业战略并合理配置资源，更好地应对创业过程中遇到的困难和挑战。另外，创业失败学习能促使创业者深入分析失败的原因，找到自己的知识盲区，提升相关的管理技能，同时有助于创业者更深入地认识和理解如何创建与发展企业。基于此，本文提出如下假设。

H2：创业失败学习有助于提升机会相关能力。

H3：创业失败学习有助于提升管理相关能力。

2.3　创业能力与新创企业绩效

创业是一个复杂且持久的过程，在创业过程中存在许多影响新创企业绩效的因素。创业者是贯穿创业始末的关键人物[27]，Ahmad等[28]指出，创业者的创业能力对新创企业绩效有至关重要的影响，张秀娥和赵敏慧[29]指出创业能力有助于企业实现创业成功。

机会识别和利用是创业活动的核心[30]。创业机会对新企业的发展、新创企业绩效和创业成长至关重要[31]。创业活动需要经常决定哪些机会是值得追求的，且决定在各种可用的解决方案中，哪些是值得探索的。机会相关能力可以推动创业者提出满足市场需求的创新方案，提高客户满意度，从而进一步提升销售额，并最终提高新创企业绩效。管理相关能力对新创企业绩效也至关重要。澳大利亚生产力委员会发表的一份报告指出，该国中小企业的失败可以归因于缺乏管理和组织技能[32]。创业过程充满了不确定性，适当调整企业战略并合理配置资源是创业者需要具备的重要管理能力，具有这种能力的创业者能够使企业在动态的环境中更好地生存发展，实现效益最大化，提升新创企业绩效。在创业企业中，有形和无形资源的获取、管理和组织都是通过与他人结成联盟来实现的[33]。关系管理也很重要，良好的网络为企业家提供了获得专门知识和各种形式支持的机会。Hartenian[34]认为团队激励能力是管理者所需要的基本管理技能之一，Cooper[35]认为通过团队合作可以优化竞争优势，提升新创企业绩效。通过以上分析，本文提出以下假设。

H4：机会相关能力对新创企业绩效具有积极影响。

H5：管理相关能力对新创企业绩效具有积极影响。

2.4 创业能力的中介作用

创业失败学习是一种动态现象，创业者通过不断从先前的创业失败经历中学习，提升自身创业能力，进而影响新创企业绩效。创业失败学习是一种特殊的经验学习，创业失败学习、创业能力和新创企业绩效间也存在着必然联系。

善于从先前的创业失败经验中学习的个体，能够更加全面地了解行业市场，具备更强地搜索、关联和评估新商业机会信息的能力，进而能提升新创企业绩效。创业失败学习使创业者获取更多行业相关的知识，有助于创业者减少不确定性，更敏锐地识别外部环境中的机会，而创业机会是创业活动的核心[30]，是企业成长与绩效的重要影响因素[31]。机会相关能力有助于创业者识别外部机会，满足市场需求，提升新创企业绩效。由以上分析可知，创业失败学习能够帮助创业者重组外部环境中的信息，提升其机会识别与利用的能力，进而提升新创企业绩效。

管理相关能力对企业的发展也至关重要。许多中小企业的失败都可以归因于管理技能的缺乏[32]。具有管理相关能力的创业者能够有效制定企业战略并合理配置企业内外部资源，建立并维持良好的关系网络，使企业在动态的环境中更好地生存发展，实现效益最大化，提升新创企业绩效。而创业失败学习能够使创业者利用先前的失败经历，不断获取与创业技能、资源配置、社会网络、战略设置等方面相关的隐性知识，增强管理相关能力。因此，我们认为管理相关能力是创业失败学习与新创企业绩效的传导机制之一。通过剖析创业失败学习对新创企业绩效提升的微观机制可知，创业失败学习能够通过提升创业能力进而提升新创企业绩效。因此，本文提出如下假设。

H6：机会相关能力在创业失败学习与新创企业绩效的关系间具有中介作用。

H7：管理相关能力在创业失败学习与新创企业绩效的关系间具有中介作用。

2.5 认知风格的调节作用

虽然创业失败学习能够影响创业者的机会相关能力和管理相关能力，但作用大小具有个体差异，我们认为创业失败学习对两类创业能力的影响大小受到创业者认知风格的调节。认知风格是指个体在学习过程中组织和处理信息所采取的一致方法，影响个人如何组织和处理信息[10]。Hayes 和 Allinson[11]指出认知风格影响人们如何审视周围环境，如何收集、构造和解释环境信息以及如何增强或改变他们的心理模型，从而指导随后的行为。认知风格分为直觉型认知风格和分析型认知风格，采用直觉型认知风格的个体较少关注细节，而是从更全面的视角分析问题，采用开放式的方法解决问题；而采用分析型认知风格的个体非常注重细节、关注数据和证据，采用循序渐进的学习方法解决问题[11]。

在个人学习方面，采用直觉型认知风格和分析型认知风格的个体在观察、反映和处理经验的方式等方面存在不同，这导致了学习偏好的显著差异[11]。在个人信息有限的情况下，个体往往被迫依靠更直观的方法，如依靠直觉，利用模糊推测性的数据分析问题。由于市场环境的不确定性，在机会的识别和利用过程中存在大量的模糊信息，这就需要直觉提供的特殊的综合能力。直觉型认知是新想法的重要来源，因此直觉型认知在新风险创造过程的搜索阶段特别重要[36]。采取直觉型认知风格的个体可能通过观察，以综合和整体的方法处理信息以发现机会[10]，因此，我们认为在创业失败学习过程中，采用直觉型认知风格的个体更有可能提升其机会相关能力进而影响新创企业绩效。

相比于机会相关能力，管理相关能力的提升更需要对以往的失败经验进行有逻辑的、深入细致的分析，这就需要运用分析型认知风格对知识和信息进行加工。具有分析型认知风格的个体可能在判断、评估信息以及获取新风险创造过程后期所需的技能方面显示出卓越的能力[37]。分析型认知风格是创业过程中的重要力量，因为它诱导个体进行精确和严谨的分析，有助于提升个体细化和评估、协调和组织以及执行计划的能力[10]。因此，我们认为在创业失败学习过程中，采用分析型认知风格的个体更有可能提升其管理相关能力进而影响新创企业绩效。综上，本文提出如下假设。

H8：当个体为分析型认知风格时，失败学习主要通过提升管理相关能力影响新创企业绩效。当个体为直觉型认知风格时，失败学习主要通过提升机会相关能力影响新创企业绩效。

基于以上分析，构建本文的理论模型，如图1所示。

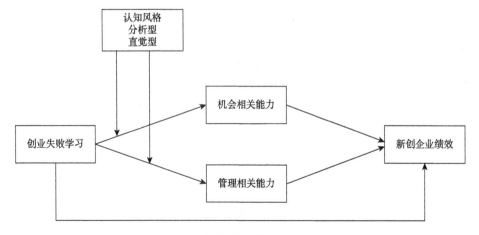

图1　理论模型

3　研究方法

3.1　研究样本

本文主要探索创业能力作为中介变量的条件下，创业失败学习如何影响新创企业绩效，因此本文研究对象是有过创业失败经历的再创业者。首先，本文依据 Zahra[38]的研究，将新创企业界定为成立时间在 8 年以下的企业，通过问卷调查收集样本数据，在拟定问卷初稿后，通过与创业学专家和创业者进行深度访谈，完善问卷的设计及表述。其次，大规模问卷发放之前，本文对吉林省内创业者做预调研，并对本次问卷的题项进行最终的调整。最后，对问卷展开大规模调研。根据经济社会发展的形势，将我国分为东北地区、中部地区、东部地区和西部地区四大区，本文选取各地区的典型城市进行调研，调研主要集中在长春、北京、郑州、苏州、上海、昆明等地区。所发放问卷共 693 份，回收问卷 617 份，剔除先前没有创业失败经历、答案不完整、有明显倾向性以及企业成立时间大于 8 年的问卷 344 份，收到有效问卷 273 份，有效回收率为 39.39%。表 1 显示了本文样本的描述性统计分析。

表 1　样本的描述性统计结果

类别	分类指标	频数	频率	类别	分类指标	频数	频率
性别（SEX）	男	164	60.1%	企业成立年限（FIRM AGE）	1～2 年	111	40.7%
	女	109	39.9%		3～5 年	102	37.4%
年龄（AGE）	20 岁以下	28	10.3%		6～8 年	60	22.0%
	20～29 岁	90	33.0%	行业（INDUSTRY）	制造业	54	19.8%
	30～39 岁	94	34.4%		服务业	64	23.4%
	40～49 岁	45	16.5%		金融业	47	17.2%
	50～59 岁	12	4.4%		高科技产业	35	12.8%
	60 岁及以上	4	1.5%		信息技术业	30	11.0%
受教育程度（EDUCATION）	大专以下	32	11.7%		其他	43	15.8%
	大专	72	26.4%	地域（AREA）	长春	59	21.6%
	本科	117	42.9%		北京	31	11.4%
	硕士及以上	52	19.0%		郑州	42	15.4%
企业规模（SIZE）	1～9 人	82	30%		苏州	31	11.4%
	10～49 人	97	35.5%		上海	32	11.7%
	50～99 人	65	23.8%		昆明	43	15.8%
	100～299 人	19	7.0%		其他	35	12.8%
	300 人及以上	10	3.7%				

3.2　变量测量

本文采用的测量量表均为国外成熟量表。本文借鉴了 Boso 等[13]的研究，对创业失败学习进行测量，一共有 4 个题项，包括"在目前的创业活动中，我特别善于利用以前的失败经验""从以往的失败经验中发现的错误，会对我目前的事业带来新的见解""我确信我能在当前的工作中充分利用以前的创业失败经验""我正在把以前的创业失败经验运用到我的新事业中"。该量表的 Cronbach's α 值为 0.877。

认知风格的测量采用 Hayes 和 Allinson[11]的自陈式量表，一共有 38 个题项，每个题项都有符合、不确定和不符合 3 种答案，每种答案对应的分值分别是 0、1、2。总分越接近 0 的个体分析型认知风格越强，总分越接近 76 的个体直觉型认知风格越强，根据中位数，将认知风格分为分析型认知风格和直觉型认知风格。该量表的 Cronbach' α 值为 0.964。

对于创业能力的测量，本文借鉴张玉利和王晓文[9]的测量量表，机会相关能力采用 5 个题项测量，包括"我能够识别有潜力的市场方向""我可以忍受压力""我可以维持与投资者的良好关系""我会在逆境中坚持下来""我可以与拥有重要资源的相关者建立关系"，该量表的 Cronbach's α 值为 0.904；管理相关能力采用 4 个题项测量，包括"我能够及时调整公司战略和经营思路""我有能力监督、领导并激励员工""我有能力合理配置资源""我有能力协调利益相关者关系以及各项工作"，该量表的 Cronbach's α 值为 0.869。

新创企业绩效的测量借鉴 Chen[39]的研究，利用新企业对其市场份额、销售额、利润、资产回报率的满意程度进行测量。以上题项均采用利克特 5 点量表测量。该量表的 Cronbach's α 值为 0.893。

除本文的研究变量以外，创业者的性别、年龄和学历，以及企业规模、成立时间、行业和地域等变量可能也会对研究结果有一定的影响。性别、年龄和学历上的差异致使创业者在个人特质和能力上存在差异，这些差异会影响新创企业绩效。规模较大的企业通常会比小企业拥有更多的资源，而资源对创新与新创企业绩效都有一定的促进作用。创建时间较长的企业通常拥有更多经验与技能，能够更好地适应外部环境的变化，有助于新创企业绩效的维持与提升。不同行业的利润和发展水平不同，不同地域之间经济发展差异较大，这些都会影响新创企业绩效。因此，本文将年龄、性别、学历、企业规模、成立时间、行业和地域作为控制变量纳入研究中，排除这些因素对研究结果的影响，以保证模型验证的准确性和合理性。

4　实证分析与结果

4.1　信度和效度检验

利用 Cronbach's α 系数作为信度检验标准，具体结果如表 2 所示。本文所有被测构念的

Cronbach's α 系数值全部大于 0.8，最小因子载荷值为 0.780，由此可知整体量表具有较高的信度，内部一致性较好。另外，本文对量表的聚合效度和区分效度进行了检验。量表的聚合效度利用平均抽取方差（AVE）和组合信度（composite reliability，CR）检验，由表 2 可知 AVE 最小为 0.719，CR 值最小为 0.911，均大于所要求的临界值，因此量表的聚合效度较高。结合表 3 可知，变量间相关系数均小于 AVE 值的平方根，因此样本的区分效度较好。除此之外，本文还进行了验证性因子分析，各拟合指标达到基本标准，模型拟合度较高，区分效度较好（χ^2/df=1.862，CFI=0.953、RFI=0.891、GFI=0.883、TLI=0.946、IFI=0.953、NFI=0.905、RMSEA=0.056）[①]。

表 2　因子分析结果

变量	符号	Cronbach's α 系数	KMO	CR	AVE	最小因子载荷
创业失败学习	EFL	0.877	0.760	0.919	0.739	0.780
机会相关能力	OA	0.904	0.880	0.930	0.725	0.850
管理相关能力	MA	0.869	0.829	0.911	0.719	0.831
新创企业绩效	NVP	0.893	0.842	0.926	0.758	0.861

表 3　描述性统计结果及变量的相关系数矩阵

变量	均值	标准差	1	2	3	4	5	6	7	8	9	10	11
SEX	1.399	0.491											
AGE	2.762	1.077	-0.112										
EDUCATION	2.692	0.912	-0.045	-0.105									
FIRM AGE	1.813	0.770	0.062	-0.094	0.017								
SIZE	2.187	1.056	-0.152*	0.026	0.068	0.215**							
INDUSTRY	3.190	1.728	-0.012	0.113	-0.009	0.013	0.023						
AREA	3.788	2.104	0.050	-0.037	0.071	-0.034	-0.096	-0.106					
EFL	3.494	0.956	0.056	0.115	0.221**	-0.204**	0.029	0.131*	-0.029				
RS	33.883	20.655	0.116	-0.011	0.020	-0.066	-0.015	-0.009	-0.084	0.068			
OA	3.444	0.871	-0.014	-0.080	0.248**	0.142*	0.156**	0.113	-0.147*	0.336**	-0.168**		
MA	3.485	0.983	0.000	0.126*	0.209**	-0.085	0.123*	0.085	-0.047	0.342**	0.070	0.304**	
NVP	3.474	0.816	0.051	0.127*	0.182**	-0.006	0.058	0.066	-0.139*	0.478**	0.063	0.451**	0.503**

**表示 $p<0.01$，*表示 $p<0.05$

注：RS 表示认知风格

4.2　共同方法偏差检验和共线性检验

由于本文的研究变量都是自我报告性质的，这有可能造成同源误差，从而不能准确反映

[①] RFI 即 relative fit index，相对拟合指数；GFI 即 goodness of fit index，拟合优度指数；TLI 即 Tucker-Lewis index，Tucker-Lewis 指数；IFI 即 incremental fit index，增量拟合优度。

各变量间的真正关系。为了减少共同方法变异对研究结果的影响，本文在调查过程中采取了以下控制方法：调查样本匿名填写问卷，打乱题项顺序，设置反向积分题目等。另外，本文还利用 Harman 单因素法检验共同方法偏差，所有题项进行因子分析之后聚合成 5 个因子，特征值均大于 1，第一个因子的贡献率为 29.719%，小于临界值。因此，本文有效控制了共同方法偏差问题。本文利用方差膨胀因素和各变量间的容忍度对多重共线性进行检验，各模型方差膨胀系数均小于 2，5 个变量间的容忍度大于 0.6。因此，同源方差和共线性问题没有对研究结果产生严重影响。

4.3 假设检验

4.3.1 主效应检验

本文利用回归分析检验创业失败学习对新创企业绩效的影响，结果如表 4 中的模型 4 所示，创业失败学习能够提升新创企业绩效（$\beta=0.459$，$p<0.01$），并且解释了新创企业绩效总变异的 24.7%，H1 成立。

表 4　创业失败学习、机会相关能力和新创企业绩效回归分析

变量	OA		NVP			
	模型 1	模型 2	模型 3	模型 4	模型 5	模型 6
SEX	0.054	0.024	0.092	0.043	0.067	0.034
AGE	0.132*	0.101	0.147*	0.094	0.085	0.056
EDUCATION	0.222**	0.155**	0.210**	0.099	0.105	0.041
FIRM AGE	−0.110	−0.049	−0.016	0.085	0.035	0.104*
SIZE	0.131*	0.112	0.042	0.012	−0.019	−0.031
INDUSTRY	0.066	0.033	0.036	−0.018	0.005	−0.031
AREA	−0.045	−0.035	−0.146*	−0.130*	−0.125*	−0.117*
EFL		0.276**		0.459**		0.355**
OA					0.470**	0.376**
R^2	0.096	0.162	0.087	0.269	0.286	0.387
调整后 R^2	0.072	0.137	0.063	0.247	0.265	0.366
F	4.032**	6.386**	3.598**	12.123**	13.232**	18.460**

**表示 $p<0.01$，*表示 $p<0.05$

4.3.2 创业失败学习、机会相关能力和新创企业绩效关系检验

为了验证机会相关能力在创业失败学习和新创企业绩效关系间的中介作用，本文采用 Baron 和 Kenny[40]提出的层次回归法，结果如表 4 所示。由模型 2 可知，创业失败学习对机

会相关能力的正向影响显著（β=0.276，p<0.01），H2 成立。同时，在模型 5 中，机会相关能力对新创企业绩效的正向影响显著（β=0.470，p<0.01），H4 成立。最后，将创业失败学习和机会相关能力同时作为自变量对新创企业绩效进行回归分析，结果见模型 6，由模型 6 可知，创业失败学习（β=0.355，p<0.01）和机会相关能力（β=0.376，p<0.01）正向影响新创企业绩效，但是创业失败学习对新创企业绩效的回归系数由 0.459 下降到 0.355，因此，机会相关能力具有部分中介作用，H6 成立。

4.3.3　创业失败学习、管理相关能力和新创企业绩效关系检验

本文依旧采用层次回归法验证管理相关能力在创业失败学习和新创企业绩效关系间的中介作用，结果如表 5 所示。由模型 8 可知，创业失败学习对管理相关能力的正向影响显著（β=0.335，p<0.01），H3 成立。同时，在模型 9 中，管理相关能力对新创企业绩效的正向影响显著（β=0.439，p<0.01），H5 成立。最后，将创业失败学习和管理相关能力同时作为自变量对新创企业绩效进行回归分析，结果见模型 10，由模型 10 可知，创业失败学习（β=0.351，p<0.01）和管理相关能力（β=0.323，p<0.01）正向影响新创企业绩效，但是创业失败学习对新创企业绩效的回归系数由 0.459 下降到 0.351，因此，管理相关能力在创业失败学习和新创企业绩效之间存在部分中介作用，H7 成立。

表 5　创业失败学习、管理相关能力和新创企业绩效回归分析

变量	MA		NVP			
	模型 7	模型 8	模型 3	模型 4	模型 9	模型 10
SEX	0.007	−0.028	0.092	0.043	0.089	0.052
AGE	−0.064	−0.102	0.147*	0.094	0.175**	0.127*
EDUCATION	0.244**	0.163**	0.210**	0.099	0.103	0.046
FIRM AGE	0.103	0.177**	−0.016	0.085	−0.061	0.028
SIZE	0.104	0.082	0.042	0.012	−0.004	−0.015
INDUSTRY	0.103	0.064	0.036	−0.018	−0.009	−0.039
AREA	−0.143*	−0.131*	−0.146*	−0.130*	−0.083	−0.088
EFL		0.335**		0.459**		0.351**
MA					0.439**	0.323**
R^2	0.129	0.226	0.087	0.269	0.255	0.349
调整后 R^2	0.106	0.202	0.063	0.247	0.232	0.327
F	5.601**	9.622**	3.598**	12.123**	11.292**	15.692**

**表示 p<0.01，*表示 p<0.05

4.3.4 认知风格的调节作用

本文利用 Bootstrap 验证认知风格的调节作用，结果如表 6 所示。当个体为分析型认知风格时，失败学习通过机会相关能力影响新创企业绩效的效应值为 0.047，置信区间不包含 0，失败学习通过管理相关能力影响新创企业绩效的效应值为 0.100，置信区间不包含 0。当个体为直觉型认知风格时，失败学习通过机会相关能力影响新创企业绩效的效应值为 0.109，置信区间不包含 0，失败学习通过管理相关能力影响新创企业绩效的效应值为 0.047，置信区间不包含 0。由此可知 H8 成立。

表 6　认知风格的调节作用

认知风格	创业能力	条件间接效应		
		间接效应	Boot SE	偏差校正 95%置信区间
分析型	机会相关能力	0.047	0.026	（0.002，0.108）
	管理相关能力	0.100	0.028	（0.054，0.165）
直觉型	机会相关能力	0.109	0.032	（0.055，0.182）
	管理相关能力	0.047	0.026	（0.005，0.107）

5　研究结论与启示

5.1　研究结论

本文探索了创业失败学习、机会相关能力、管理相关能力和新创企业绩效之间的关系，强调了创业失败学习的意义，并以问卷调查法收集数据并进行实证检验，得出了如下结论：创业失败学习能够提升新创企业绩效；创业失败学习能够提升创业中机会相关能力和管理相关能力，进而提升新创企业绩效；不同认知风格下创业失败学习对新创企业绩效的作用路径具有差异，当创业者是直觉型认知风格时，创业失败学习主要通过影响机会相关能力进而提升新创企业绩效，当创业者是分析型认知风格时，创业失败学习主要通过影响管理相关能力进而提升新创企业绩效。

5.2　理论意义

创业过程总是充满了挫折与挑战，创业失败在所难免，但创业失败并不总是坏事，多数情况下，创业失败是许多创业者通往成功的必经之路。本文构建了创业失败学习与新创企业绩效之间关系的概念模型，并检验了机会相关能力和管理相关能力的中介作用，对相关研究有重要意义。

本文的理论意义具体表现在以下三个方面。

第一，本文的研究结果验证了创业失败学习的重要性，体现了创业失败的意义。创业失败往往伴随着财务、社会和心理等方面的成本，但是创业失败也为创业者提供了丰富的经验和信息，能否从过去的失败经验中学习是影响随后创业活动成功与否的关键因素。本文印证了 Eggers 和 Song[25]的观点，他们将创业失败概念化为一种资源，从创业失败经验中进行学习是随后创业结果的关键影响因素。

第二，本文通过探索机会相关能力和管理相关能力的中介作用，打开了创业失败学习对新创企业绩效关系的黑箱，对创业失败学习与新创企业绩效的关系提供了另一种解释。机会的识别和利用是创业的核心，能够帮助企业获取竞争优势并提升新创企业绩效，而学习是提升机会相关能力的重要途径，因此，创业失败学习能够通过提升机会相关能力进而提升新创企业绩效。缺乏管理能力是导致创业失败的主要原因，管理能力是企业获取较高绩效的关键[22]。创业是一个动态的过程，管理能力并不是一成不变的，能够通过后天的学习不断提升。因此，创业失败学习能够通过提升管理相关能力进而提升新创企业绩效。但现有研究尚未关注机会相关能力和管理相关能力在创业失败学习和新创企业绩效之间的中介作用，本文补充了相关研究。

第三，认知风格影响个人如何审视周围环境，如何收集、构造和解释环境信息以发展知识和技能，因此认知风格对学习的效果具有一定作用，但是现有创业失败学习的相关研究很少关注认知风格。本文将认知风格作为调节变量加入模型，证实了在不同认知风格下，创业失败学习主要通过影响不同能力进而提升新创企业绩效。

5.3 管理启示

本文研究结果表明，从过去的创业失败经历中学习有助于创业能力的培育，从而推动随后新创企业的成功，这对如何看待创业失败以及提升新创企业绩效有一定的指导意义。第一，对于创业者来说，应该正视创业失败，创业失败不应被视为创业之旅的结束，而应该被视为进一步学习的机会，并作为尝试新的创业活动的契机，不断学习和寻求新信息是关系到新创业活动能否取得成功的重要因素，从创业失败经验中学习对后续创业活动的成功具有重要意义。第二，对于政府及社会而言，应加强宽容失败文化建设，鼓励冒险、允许失败、接受失败，帮助创业者认识到创业失败是创业成功之母，加强创业失败学习。第三，应该在金融、心理等方面扶持经历过创业失败的企业家，帮助他们从失败的伤痛中走出来并开始新的创业活动，成为连续创业者，并最终走向创业成功。

5.4 研究不足与展望

第一，由于时间和成本方面的限制，我们的研究是在一个单一的时间点进行的横截面研究，而纵向研究更能反映出变量之间的动态关系与作用机制。因此，未来的研究可以通过纵向追踪得到数据，以便能准确地反映出创业失败学习、认知风格、创业能力和新创企业绩效之间的关系。第二，本文探索了创业失败学习对新创业企业的影响机制，但是现有研究根据学习内容将创业失败学习分为自我学习、企业学习、关系学习和管理学习四个方面，本文只是将创业失败学习作为整体变量进行探索，未来的研究可以探索创业失败学习的四个方面对新创企业绩效的影响差异和作用路径。第三，由于采集样本的限制，本文主要通过作者本人及其关系网进行问卷发放，造成受访者地区分布不太均匀且只调研了相对典型的城市，未来的研究可以扩展调研范围，增加样本普适性。

参考文献

[1] 于晓宇，蒲馨莲. 中国式创业失败：归因、学习和后续决策[J]. 管理科学，2018，31（4）：103-119.

[2] 王华锋，高静，王晓婷. 创业者的失败经历、失败反应与失败学习——基于浙、鄂两省的实证研究[J]. 管理评论，2017，29（6）：96-105.

[3] 于晓宇，李厚锐，杨隽萍. 创业失败归因、创业失败学习与随后创业意向[J]. 管理学报，2013，10（8）：1179-1184.

[4] 郝喜玲，朱兆珍. 创业者元认知监控、失败学习与团队创业精神关系研究[J]. 科技进步与对策，2016，33（12）：16-22.

[5] 黎常，章莉，何萍. 新创企业失败学习模式对企业成长的影响——失败学习内容的中介作用[J]. 技术经济，2016，35（2）：63-70，122.

[6] 王华锋，李生校，窦军生. 创业失败、失败学习和新创企业绩效[J]. 科研管理，2017，38（4）：94-103.

[7] Politis D. The process of entrepreneurial learning：a conceptual framework[J]. Entrepreneurship Theory and Practice，2005，29（4）：399-424.

[8] Minniti M，Bygrave W. A dynamic model of entrepreneurial learning[J]. Entrepreneurship Theory and Practice，2001，25（3）：5-16.

[9] 张玉利，王晓文. 先前经验、学习风格与创业能力的实证研究[J]. 管理科学，2011，24（3）：1-12.

[10] Kickul J，Gundry L K，Barbosa S D，et al. Intuition versus analysis?Testing differential models of cognitive style on entrepreneurial self-efficacy and the new venture creation process[J]. Entrepreneurship Theory and Practice，2009，33（2）：439-453.

[11] Hayes J，Allinson C W. Cognitive style and the theory and practice of individual and collective learning in organizations[J]. Human Relations，1998，51（7）：847-871.

[12] Theng L G，Boon J L W. An exploratory study of factors affecting the failure of local small and medium enterprises[J]. Asia Pacific Journal of Management，1996，13（2）：47-61.

[13] Boso N，Adeleye I，Donbesuur F，et al. Do entrepreneurs always benefit from business failure experience?[J]. Journal of Business Research，2019，98：370-379.

[14] Corbett A C. Learning asymmetries and the discovery of entrepreneurial opportunities[J]. Journal of Business Venturing，2007，22（1）：97-118.

[15] Shepherd D A，Cardon M S. Negative emotional reactions to project failure and the self-compassion to learn from the experience[J]. Journal of Management Studies，2009，46（6）：923-949.

[16] Yamakawa Y，Cardon M S. Causal ascriptions and perceived learning from entrepreneurial failure[J]. Small Business Economics，2015，44（4）：797-820.

[17] Ucbasaran D，Westhead P，Wright M. The extent and nature of opportunity identification by experienced entrepreneurs[J]. Journal of Business Venturing，2009，24（2）：99-115.

[18] Shepherd D A. Learning from business failure：propositions of grief recovery for the self-employed[J]. Academy of Management Review，2003，28（2）：318-328.

[19] Wing Y M T. Exploring the behavioural patterns of entrepreneurial learning[J]. Education &Training，2006，48（5）：309-321.

[20] Man T W Y，Lau T，Chan K F. The competitiveness of small and medium enterprises：a conceptualization with focus on entrepreneurial competencies[J]. Journal of Business Venturing，2002，17（2）：123-142.

[21] Rasmussen E，Mosey S，Wright M. The evolution of entrepreneurial competencies：a longitudinal study of university spin-off venture emergence[J]. Journal of Management Studies，2011，48（6）：1314-1345.

[22] El-Namaki M S S. Small business—the myths and the reality[J]. Long Range Planning，1990，23（4）：78-87.

[23] Aramand M，Valliere D. Dynamic capabilities in entrepreneurial firms：a case study approach[J]. Journal of International Entrepreneurship，2012，10（2）：142-157.

[24] McGrath R G. Falling forward：real options reasoning and entrepreneurial failure[J]. The Academy of Management Review，1999，24（1）：13-30.

[25] Eggers J P，Song L. Dealing with failure：serial entrepreneurs and the costs of changing industries between ventures[J]. Academy of Management Journal，2015，58（6）：1785-1803.

[26] Hessels J，Grilo I，Thurik R，et al. Entrepreneurial exit and entrepreneurial engagement[J]. Journal of Evolutionary Economics，2011，21（3）：447-471.

[27] Gartner W B. "Who is an entrepreneur?" is the wrong question?[J]. American Journal of Small Business，1988，12（4）：11-32.

[28] Ahmad N H，Ramayah T，Wilson C，et al. Is entrepreneurial competency and business success relationship contingent upon business environment?A study of Malaysian SMEs[J]. International Journal of Entrepreneurial Behavior & Research，2010，16（3）：182-203.

[29] 张秀娥，赵敏慧. 创业学习、创业能力与创业成功间关系研究回顾与展望[J]. 经济管理，2017，39（6）：194-208.

[30] Pech R J，Cameron A. An entrepreneurial decision process model describing opportunity recognition[J]. European Journal of Innovation Management，2006，9（1）：61-78.

[31] Gruber M, MacMillan I C, Thompson J D. Look before you leap: market opportunity identification in emerging technology firms[J]. Management Science, 2008, 54（9）: 1652-1665.

[32] Bickerdyke I, Lattimore R, Madge A. Business failure and change: an Australian perspective[R]. Productivity Commission Working Paper No. 1653.

[33] Das T K, He I Y. Entrepreneurial firms in search of established partners: review and recommendations[J]. International Journal of Entrepreneurial Behavior & Research, 2006, 12（3）: 114-143.

[34] Hartenian L S. Team member acquisition of team knowledge, skills, and abilities[J]. Team Performance Management: An International Journal, 2003, 9（1/2）: 23-30.

[35] Cooper A C. Technical entrepreneurship: what do we know[J]. R&D Management, 1973, 3（2）: 59-64.

[36] Woody V O. A psychological typology of successful entrepreneurs[J]. Organization Studies, 1997, 20（5）: 883-888.

[37] Olson P D. Entrepreneurship: process and abilities[J]. American Journal of Small Business, 1985, 10（1）: 25-31.

[38] Zahra S A. Technology strategy and new venture performance: a study of corporate-sponsored and independent biotechnology ventures[J]. Journal of Business Venturing, 1996, 11（4）: 289-321.

[39] Chen C J. Technology commercialization, incubator and venture capital, and new venture performance[J]. Journal of Business Research, 2009, 62（1）: 93-103.

[40] Baron R M, Kenny D A. The moderator-mediator variable distinction in social psychological research: conceptual, strategic, and statistical considerations[J]. Journal of Personality and Social Psychology, 1986, 51（6）: 1173-1182.

Influence Path of Entrepreneurial Failure Learning on Performance of New Ventures under Different Cognitive Styles

Zhang Xiue, Li Mengying, Li Shuai

（School of Business, Jilin University, Changchun Jilin 130012, China）

Abstract: In this paper, SPSS and Amos are used for the empirical analysis to test the influence path of entrepreneurial failure learning on the performance of new ventures.The results show as follows: entrepreneurial failure learning has a positive impact on new venture performance; entrepreneurial failure learning can improve the performance of new enterprises by influencing opportunity-related competence and management-related competence; the influence of entrepreneurial failure learning on the performance of new ventures varies according to the entrepreneur's cognitive style, that is to say, entrepreneurial failure learning mainly improves the performance through opportunity-related competence when the entrepreneur belongs to the intuitive cognitive style, and entrepreneurial failure learning mainly improves the performance through management-related competence when the entrepreneur belongs to the analytical cognitive style.

Keywords: entrepreneurial failure learning; cognitive style; opportunity-related competence; management-related competence; new venture performance

疫情智能协同创新管理路径与实现方法

张朝辉，高思卓

（吉林大学 商学院，长春 130012）

摘要：本文对依托大数据和人工智能技术的疫情智能协同系统在疫情防控中的作用进行了探讨，探讨了"智能疫情协同管理平台"的实现路径，以及通过建立区域间疫情协同管理机制来实现"1+1＞2"的防控效果。

关键字：协同创新管理；新型冠状病毒肺炎；大数据；人工智能；疫情防控

中图分类号：F272.3　文献标识码：A

1　研究背景

新发疫情往往具有传播速度快、流行范围广、社会影响大等特点，而且不易控制、难以识别和防范。相较于 2003 年的非典（SARS）疫情，本次新型冠状病毒肺炎（COVID-19）具有隐蔽性和传播能力更强的特点，导致此次疫情扩散极为迅速，世界各国为此次疫情所付出的社会代价也更大。自 2019 年 12 月 31 日武汉市生健康委员会发文通报新型冠状病毒肺炎疫情以来，此次疫情在极短时间内就已波及全国 31 个省（自治区、直辖市）和新疆生产建设兵团，以及我国港澳台地区。从 1 月 3 日武汉市卫生健康委员会通报 44 例不明原因病毒性肺炎开始，到 1 月 23 日武汉开始采取封城等严格管控措施，短短 20 天时间全国发现累计确诊病例就已经增长至 830 例，确诊人数开始出现井喷式增长现象，并且受疫情影响的范围由武汉向全国扩散；到 3 月 5 日，全国累计报告确诊病例高达 80 552 例。此次疫情在很短的时间内，就已经在世界范围构成重大突发公共卫生事件，对全人类的身体健康构成威胁，对世界各国的经济发展、社会稳定和国家安全带来了不确定性。

此外，经过十余年的高速发展，我国交通设施不断完善、交通状况得到极大改善，尤其是公路和铁路基础设施愈发完善。目前已经形成了八纵八横的陆路交通运输格局，高铁、动

作者简介：张朝辉（1973—），男，吉林长春人，吉林大学商学院副教授，博士，研究方向：信息管理。高思卓（1998—），女，河北石家庄人，吉林大学商学院，硕士研究生，研究方向：信息管理。

车基本实现全国覆盖，航班密集，私家车保有量激增，全国范围内人员和物资高密度流动。四通八达的交通虽然为经济发展和人员交流提供了便利，但是客观上也是导致新型冠状病毒迅速传播和暴发的重要因素。

总结我国经历的两次冠状病毒疫情的经验可以发现，疫情的响应时间成为控制疫情发展、保障人民身体健康和降低防控社会成本的首要因素。当面临重大突发急性传染病时，疫情监管部门和各级政府必须具备更加快速、准确地辨别和处理已知或未知疾病的能力，并能够迅速查明致病原因，并且制定科学、高效、低成本的防控措施。可见在经济高速发展的今天，我国的疫情防控工作仍然面临着更多前所未遇的挑战。而大数据和人工智能等新兴技术的发展与应用可以为疫情的及时甄别、分析研究和科学管控提供技术基础和保障。在中央全面深化改革委员会第十二次会议上，习近平总书记再次强调，"要鼓励运用大数据、人工智能、云计算等数字技术，在疫情监测分析、病毒溯源、防控救治、资源调配等方面更好发挥支撑作用"[1]。因而将大数据和人工智能技术应用于疫情管理，实现疫情智能协同，可以有力支撑疫情暴发原因和规模确认、病毒溯源和传播机理研究、疫苗研制和分发及效果监测、各方协调上下联动等工作，从而实现对疫情的早发现、早研究和早处理，降低突发急性传染病带来的社会危害，最大限度保障人民群众身体健康，维护社会稳定，保障经济发展。

2 研究现状

疾病预防控制工作一直承担着保障人民群众健康的首要职责，如果能在疫病流行前预测到其发展态势或影响范围，加强预防，就能达到最大限度保障群众健康的目的。易彬橙等[2]分析了新发传染病的传播方式和危险因素，并论述了中国新发传染病防控形势及应对策略。陈利民等[3]就目前突发急性传染病防控中存在的疾病预警监测能力不足、联控不到位等问题进行了思考探索，提出了加强多数据源监测与分析、强化源头管理等应对措施。杜继锋[4]从政治体制、执政策略和民众心态等领域分析了中美之间的区别。谈在祥等[5]通过梳理美国、日本和我国突发公共卫生事件应急处置的制度和模式，提出完善我国突发公共卫生事件应急处置体系的建议，为我国应对疫情防控提供经验借鉴。

作为引领未来的战略性技术，人工智能、大数据技术在医学领域中的应用已经引起了很多学者的关注，他们从不同视角对其进行了研究。王立贵等[6]建立了集传染病数据统计分析、传染病流行预测、防控措施评价、传染病传播过程模拟仿真于一体的传染病疫情现场分析与模拟仿真平台。钟敏提出与全球最大的搜索引擎"百度"合作，利用丰富的大数据资源，对疾病传播进行更先进的监测和控制，以弥补传统疾病防控方式实时性上的不足[7]。和海妍等[8]分析总结了当前大数据分析在医学检验、医学图像分析、临床决策支持系统以及远程诊疗中的应用，并对大数据分析在智慧医疗诊断中的挑战及未来发展趋势进行了展望。叶玲珑和谢邦昌[9]根据谷歌对流感趋势的预测的具体实践，介绍了人工智能技术在部分疾病筛查、预测和治疗方面取得的突破性进展。吴军等[10]介绍了贵州大数据计算中心基于人工智能技术,通过机器自主学习,对学校传染病聚集性疫情进行早期智能筛查与风险预警的应用实例。

目前人们普遍认识到,新发疫情防治的关键在于如何快速识别已知或未知传染病,而传统疾病防控方式最大的不足就在于时效性差。因而相关部门如何实时获取与疫情相关的数据,成为缩短疾病防控响应时间和降低防控社会成本的关键。一些学者研究认为,信息技术的融合应用为疫情防控创造了更有利的技术基础和社会环境。王娟娟和黄金[11]介绍了数字技术在风险研判、检测病毒变异情况、优化协同调度等方面的作用,提出新型冠状病毒肺炎疫情是对我国数字化治理能力的大考。周成虎等[12]指出要积极利用通信和社交媒体等大数据,城乡协同,共抗疫情,要切实加强与武汉联系密切城市的疫情防控,开展潜在感染区和感染人群的精准识别。石健和蒲松涛[13]认为,人工智能成为加速病毒检测和药物研发的新引擎,大数据挖掘与分析为疫情防控提供了新思路。因而,从已有研究来看,将人工智能、大数据用于疫情智能协同管理,对于缩短疫情响应时间、增强辨别已知/未知疾病的能力,并给出科学有效且管理成本低的防治方案具有重大意义。本文以此为切入点,提出了疫情智能协同管理的实现路径与管理模式,为有效应对突发公共卫生事件、完善疫情防控体系提供参考。

3 人工智能、大数据协同疫情管理的作用

数字化治理是应对现阶段疫情管理的有效途径。随着信息技术的发展,利用人工智能、大数据技术对疫情进行监管与控制,能够提高管理效率、降低管理成本,同时对于保障人民身体健康、维护社会稳定也有积极的促进作用。基于人工智能和大数据的疫情协同管理可以协助医务人员高效率地完成疫情监测和预判、疾病分析和研判以及疫情防控等工作。

3.1 疫情监测和预判

分析此次新型冠状病毒肺炎疫情传播与管控情况可以发现,疾病的迅速识别和发现是控制疫情影响的范围的首要因素。因而,通过人工智能、大数据技术实时获取和监控与疫情相关的数据,是减少人为失误、缩短疾病防控响应时间和降低防控社会成本的关键所在。

若能在疾病流行早期甚至流行前,利用大数据和人工智能技术提高公共卫生监测系统的灵敏度,通过大数据分析来预测疾病的流行时间、发展态势和影响范围等情况,则当地疾控机构和各级政府就能够迅速联防联控、及早响应和提前部署,进而最大限度地保障群众健康,扭转疫情防控被动的局面。目前在人工智能(artificial intelligence,AI)+大数据抗疫系统开发上,一些团队已经开发出人工智能辅助疫情监测分析的应用实例。例如,加拿大人工智能初创企业 Bluedot 通过 AI 系统搜索外语新闻报道、动植物疾病报告和各类官方公告,并利用自然语言处理技术分析疫情报道,该系统于 2019 年 12 月 31 日向其客户发出疫情警告,并正确预测了新型冠状病毒在首次出现后的几天内将从武汉扩散到泰国曼谷、韩国首尔、中

国台北和日本东京[①]；国内清华大学计算机系 AMiner 团队联合智谱 AI，利用 AI+大数据，也上线了一系列疫情相关产品，包括新冠肺炎疫情趋势预测、新冠高关注度专家学者分析以及新冠学术成果时间线等[②]；此外，历史上第三次"国际关注的公共卫生紧急事件"，即 2014 年几内亚的埃博拉病毒疫情，Healthmap 的人工智能系统也对其进行了准确预警。以上案例证明，AI+大数据在疫情防控中体现出了巨大的应用价值和社会价值。

目前我国已经建立起传染病与突发公共卫生事件监测信息系统、传染病与突发公共卫生事件监测报告自动生成系统、预防接种信息系统等多条信息收集途径，并开发和实施了国家传染病自动预警系统。健康医疗大数据已经在临床科研、公共卫生等多个方面开始得到应用，这保障了我国公共卫生管理体系的变革与发展。在 SARS 危机之后，我国卫生部在几年时间内，已经完成了覆盖中央、省、市、县、乡五级的网络直报系统。各级疾病预防控制机构和卫生行政部门可以同时在线报告信息，极大提高了传染病疫情等报告的及时性和准确性。同时我国还加强了国家和省两级突发公共卫生应急指挥决策系统建设，极大提高了突发公共卫生事件的应急反应和危机处置能力。这为人工智能、大数据在我国疫情防治方面的应用，提供了基础条件。

3.2　疾病分析和研判

3.2.1　诊断和分析

随着人工智能的不断发展，AI 技术已经应用于医学影像分析、健康管理和新药研发等各个方面，开始在医疗健康领域发挥巨大的作用。这些人工智能系统的应用，提升了疾病的诊断效率，大幅度减轻了医生的繁重负荷。2012 年在美国多家医院应用的 Watson 系统能够利用自动推理技术和认知技术，快速完成大规模信息搜集分析并对特定问题进行推理论证，能够为乳腺癌、膀胱癌等多种癌症提供诊疗服务。武汉新型冠状病毒肺炎疫情发生以来，华为云与华中科技大学、蓝网科技股份有限公司也合力推出新型冠状病毒肺炎 AI 辅助医学影像量化分析服务，该技术可以快速、准确、全自动地为影像及临床医生提供 CT 量化结果，缓解了精准诊断新型冠状病毒肺炎影像医生的需求及隔离防控的压力，减轻了医生诊断工作的负荷。

3.2.2　病理研究

确定致病原因对于防止疫情扩散和疾病的治疗都具有重要意义。在 2003 年非典暴发时，医学专家对于病原体的诊断方法主要通过涂片镜检、聚合酶链反应（polymerase chain reaction，PCR）、检测等传统方法。这些传统方法的局限性较大，需要预知病原微生物，因而对罕见的病原体和未知病原体的检测困难较大、历时时间较长，对疫情的防控极为不利。然而，从本次新冠肺炎疫情来看，基于 AI+大数据的宏基因组测序技术对致病病毒的识别起到了关键的

---

① 引用自 https://www.sohu.com/a/370489698_99997373。
② 引用自 https://www.jiqizhixin.com/articles/2020-02-19-3。

作用，它不需要预知病原微生物，就能够直接检测病原体的遗传物质，再与其他已知的病原体进行大数据比对，进而确定传染病的病源。由此可见，人工智能、大数据技术可以辅助医学专家对病原体进行全方位直接检测，从而迅速找到致病源，这些技术的应用节约了大量的时间，对疫情控制极为有利。

3.2.3　药物研发

特效药物和疫苗的成功研发是遏制疫情的最为有效的方法。人工智能系统中存储的海量数据和算法可以为科研人员进行药物研发提供强大助力。医务工作者能够通过大数据平台提炼有价值的信息并得到帮助或启示，从而助力未知疾病的研究。此外，通过人工智能筛选平台和化合物分子大数据库，研发人员可以高效筛选出经过验证、安全性较高的化合物，从而有效缩短特效药物或疫苗的研发时间。

3.3　疫情防控

3.3.1　切断传播路径

快速切断传播路径是阻止疫情扩散的关键步骤。利用大数据统计分析全国重点地区的人员流动情况，对于排查疑似患者及密切接触人员起到了重要作用，也成为各地防控部门提前防范、精准施策的行动依据。在此次新型冠状病毒肺炎疫情中，我国充分利用了网络监控和大数据技术，通过交通购票信息、手机用户服务区变化、手机 app 登录地点变化等情况进行分析比对，实现了对重点人员轨迹和密切接触者的查询，达到了有针对性地切断传播途径的目的。人工智能和大数据在本次疫情中的应用，实现了对重点地区提前部署防疫措施的目的，使防疫工作重点更加突出，大幅度地提升了疫情防控的效率。

3.3.2　辅助制定应急处理预案

为抑制新型冠状病毒肺炎疫情的传播，我国政府制定了封锁武汉和停工停产等应急处理措施以减少人员流动和人口聚集，从而达到控制疫情传播的目的。事实证明，此次新型冠状病毒疫情中，我国制定的应急处理措施十分有效，但是不可否认的是封城措施对经济活动、生产生活等方面影响较大，疫情防控方案实施成本极高。因而，在疫情防控过程中，如果能就不同政策对疫情的影响进行预演判断，以及更快速地追溯到病毒的传播路径，将极大提高政府部门的防控效率、降低防控成本。我国现有的卫生信息系统与互联网、移动设备等提供的实时数据，为我国及时快速应对急性传染病提供了广阔的空间。

在大数据和人工智能技术的支持下，通过数字分析、决策系统、专家系统的支持，专家学者可以迅速给出更有效且社会成本更低的应急处理预案。一些企业[①]利用多维度的数据，

---

① 引用自 http://m.kokojia.com/article/42594.html。

构建了更细粒度、更接近实际情况的智能系统，系统可以综合考虑复杂环境下的各种突发因素对疫情发展的影响，还可以就关键决策实施所带来的影响进行仿真预判，这些功能为制定实用、有效的防控政策提供了重要依据。

4 实现路径

4.1 智能疫情协同管理平台实现

智能疫情协同管理平台的实现可以通过接口对现有医疗系统和社会应用数据进行整合。利用大数据存储技术，智能疫情协同管理平台可以通过互联网广泛采集和深度挖掘基础数据，数据来源包括医疗系统内部数据和外部数据（微博、微信、论坛等）。

目前我国已经建成医疗大数据平台，包括以疾病控制网络为主的公共卫生系统、以健康档案为重点的信息平台、以电子病历为重点的医院信息化建设平台以及促进城市医院和社区卫生服务机构合作的远程医疗系统。这些系统构成了人工智能、大数据系统的可靠的内部信息来源。我国互联网普及率较高、用户数量巨大，百度、微信、微博、各种论坛等 app 的用户数量也巨大。因而，这部分数据可以成为疫情防控的外部信息来源。

医疗大数据与人工智能系统的结合，能够帮助人们从存储的体量大、复杂度高的医疗数据中提取有价值的信息，辅助形成治疗方案，有效应对疫情。智能疫情协同管理平台体系架构（图 1）包括：数据采集层、数据存储层、业务处理层、数据分析和应用层。其中：数据采集层利用多个数据库①来接收来自客户端的数据，并进行简单编码、数据封装与可视化处理；数据存储层将来自前端的数据导入到大型分布式数据库，如 Hadoop 集群服务、医学知识库中；业务处理层利用大数据的挖掘处理技术对数据进行预处理，以满足大多数常见的分析需求；数据分析和应用层在现有数据上进行基于各种算法的计算分析，实现疾病的筛查和智能识别、大数据业务分析引擎、医学知识库搜索引擎等。

智能疫情协同管理平台运行模式如图 2 所示。系统首先去除错误数据（误诊、谣言、假新闻等），筛选其中的有价值数据，并应用人工智能分析关键病理特征，再通过人工智能识别系统对有价值数据进行建模、分析和预警，将疫情信息上报属地疾病预防控制中心（简称疾控中心）、上级疾控中心、地方政府、卫生健康委员会等部门。其次，由人工智能医疗专家系统协助疫情防控专家组制订相应的诊疗方案，并形成应急处理预案。最后，由人工智能决策模拟系统对该应急处理预案进行模拟，就关键决策实施所带来的影响进行仿真预判，评估方案有效性和社会成本，从而形成最优应急处理预案。智能疫情协同管理平台辅助医务人员和管理部门完成疫情过程控制，力争做到及时发现疫情、控制疫情。

---

① 如医院信息系统（hospital information system，HIS）、电子病历系统（electronic medical record system，EMRS）、实验室信息系统（laboratory information system，LIS）、医学影像信息系统（picture archiving and communication systems，PACS）、临床信息系统（clinical information system，CIS）等。

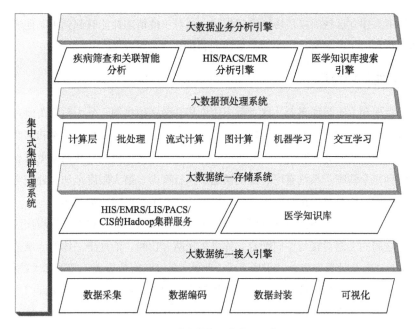

图 1　医疗大数据平台体系架构

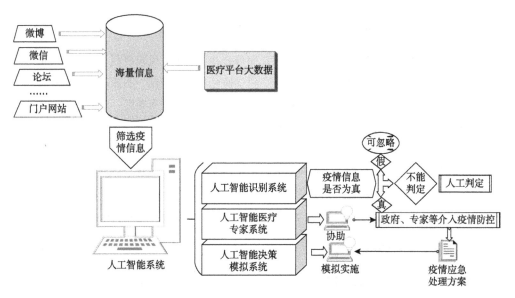

图 2　智能疫情协同管理平台运行模式

4.2　疫情协同管理模式

　　疫情管理涉及部门较多,如属地疾控中心、上级疾控中心、地方政府、卫生健康委员会等部门。若各部门间各自为战,则难免形成"九龙治水"状况,不利于疫情的管理和控制。因此,除人工智能大数据技术的应用外,我国在疫情管理上还应利用人工智能技术在区域合作机制框架下，建立区域间疫情协同管理模式。这对于疫情防控能够起到正向促进的作用，可以达到"1+1＞2"的效果。疫情防控的协同管理包含三个含义。

4.2.1　多职能部门协同

通过大数据和人工智能平台，建立重大传染病联防联控机制。从大数据角度入手，强化部门、区域、政企之间的协调联动，建立集中、统一、高效的领导指挥体系和多职能部门间的信息交流机制，建立起联防联控、群防群控的有效协同防控机制，从而避免信息孤岛与信息延误，做到指令清晰、系统有序、条块畅达、执行有力，最大限度地加强处置突发公共卫生事件的及时性，同时可以优化资源配置、排查薄弱环节并保障政策落实。

从疫情的防控来看，各部门间可以通过人工智能系统协调等方式加强疾病预防控制机构与医疗机构之间的无缝对接与协同配合，建立集预防、诊断、治疗于一体的区域公共卫生医疗体系，及时应对与处置突发公共卫生事件。此外，各级政府依靠人工智能和大数据的辅助，可以对疫情进行风险管理与评价。通过大数据和人工智能平台，还可以强化部门之间的协调联动，部门间可以建立重大传染病联防联控机制，优化关键环节的组织管理、核心要素的资源配置，有效保证各项防控措施落实到位。

4.2.2　多控制要素协同

在管理上，要实现多控制要素协同作用，完善公共卫生重大风险研判、评估、决策、防控协同机制，要做到统筹推进目标人群分析、科学研究、疾病控制、临床治疗、医疗救助、应急物资保障等工作，并制定相应的分区分级管理机制，做到统筹兼顾、精准施策，实现完善疫情整体管理体系、提高疫情管理体系运行效率的总目标。

疫情防治控制目标呈现多元的特点，既要对未知疾病来源进行分析和控制，同时也应对传播途径、目标人群等进行分析。相应地，依据不同的控制目标应建立适宜的管理机制。因此，疫情管理需要对相关特征指标可能造成的社会影响等进行全盘考察，分类别建立控制目标，在同一框架下进行多元控制目标的关联分析，使多元控制目标能够协同作用。

4.2.3　多发展维度协同

统筹推进法治保障、风俗习惯引导、生态优化、经济稳定等多个发展维度，在全面控制疫情发展的同时求最大化社会效益、经济效益和生态效益，最终实现全面有效提升国家重大公共卫生事件管理能力的目的。

疫情管理是核心问题和根本目标，多维度协同发展才能全面提高国家疫情管理能力。首先，要完善以法律为保障的疫情管理体系，加快《中华人民共和国传染病防治法》《中华人民共和国野生动物保护法》等法律法规的修改和完善，推动出台生物安全法，加快构建国家生物安全法律法规体系和制度保障体系。其次，要培养健康文明的社会风俗习惯，本次严重疫情警醒人们要重新审视人与自然的关系以及人的行为方式，"野味产业"对公共卫生安全构成了重大隐患，必须坚决取缔和严厉打击非法野生动物市场和贸易，坚决革除滥食野生动物的陋习，从源头上控制重大公共卫生风险。再次，要推动生态文明建设，以提升生态意识为先导，以增强生态情感为纽带，以倡导生态行为为发端，以维护生态法制为责任，推动生态觉悟和生态素质的进一步提高，让"人与自然和谐共生"的理念根植于广大人民心中。最后，要统筹推进新型冠状病毒肺炎疫情防控和经济社会发展工作，有序复工复产，维持经济稳定发展。实现多发展维度协同，避免再次出现类似新型冠状病毒肺炎疫情的严重疫情，最终有效提升疫情管理能力。

5　结论

基于大数据和人工智能的疫情协同管理系统在提高疫情管理时间效率、降低疫情防控成本和科学有效控制疫情等方面具有巨大优势，对于提高国家重大公共卫生事件管理能力、完善疾病预防控制体系具有重要意义。在国家大力推动实施大数据战略、推进发展人工智能的背景下，整合医疗卫生数据资源和人工智能技术，实现多职能部门、多控制要素、多发展维度的有效协同机制，能够在疫情监测分析、疫情分析研判和疫情防控救治中提高疫情管理效率、降低疫情管理成本，为推动我国公共卫生部门的良好运行提供保障，为有效应对新型冠状病毒肺炎疫情、切实保障人民健康和国家安全提供技术支持和体制优势。

参考文献

[1] 习近平. 完善重大疫情防控体制机制　健全国家公共卫生应急管理体系[EB/OL]. https://www.ndrc.gov.cn/xwdt/ztzl/fkyqfgwzxdzt/fztx/xjpzsjzyzs/202003/t20200306_1222552.html[2020-03-06].

[2] 易彬橙，肖月华，李东力. 中国新发传染病防控形势及其应对策略[J]. 沈阳部队医药，2011，（2）：104-111.

[3] 陈利民，张夏虹，左素俊，等. 突发急性传染病防控策略探讨[J]. 实用预防医学，2017，24（2）：255-257.

[4] 杜继锋. 美国疫情防控与美国国情[J].东北亚学刊，2021，（1）：29-34，147.

[5] 谈在祥，吴松婷，韩晓平. 美国、日本突发公共卫生事件应急处置体系的借鉴及启示——兼论我国新型冠状病毒肺炎疫情应对[J]. 卫生经济研究，2020，37（3）：11-16.

[6] 王立贵，孔雨薇，宋宏彬，等. 基于疫情数据分析的传染病模拟仿真平台构建[J]. 中国公共卫生，2020，36（2）：223-226.

[7] 钟敏. 浅析大数据在疾病防控中的应用[J]. 海峡预防医学杂志，2017，23（4）：88-90.

[8] 和海妍，刘伟，王云霞，等. 大数据分析在智慧医疗辅助诊断中的应用与发展趋势[J]. 国际检验医学杂志，2019，40（13）：1537-1540.

[9] 叶玲珑，谢邦昌. 人工智能在医疗健康中的应用[J]. 中国统计，2018，（5）：11-12.

[10] 吴军，陶沁，陈静，等. 人工智能技术在学校传染病聚集性疫情智能早期筛查与预警中的应用[J]. 中国公共卫生，2019，35（4）：516-520.

[11] 王娟娟，黄金. 新冠肺炎疫情是对我国数字化治理能力的大考[N]. 人民邮电，2020-02-20（004）.

[12] 周成虎，裴韬，杜云艳，等. 新冠肺炎疫情大数据分析与区域防控政策建议[J]. 中国科学院院刊，2020，35（2）：200-203.

[13] 石健，蒲松涛. 新冠肺炎疫情阻击战信息技术显威力[N]. 中国电子报，2020-02-18（006）.

Intelligent Collaborative Innovation Management Path and Implementation Method for Epidemic

Zhang Chaohui，Gao Sizhuo

（School of Business，Jilin University，Changchun Jilin 130012，China）

Abstract：Based on the current situation of epidemic，this paper discusses the role of the epidemic intelligence collaborative system relying on big data and artificial intelligence technology in epidemic prevention and control.And then it analyzes the realization of "the smart epidemic collaborative management platform" relying on artificial intelligence and big data technology path. Finally，it proposes that management should also establish a cooperative mechanism for epidemic management under the framework of regional cooperation mechanisms to achieve the goal of "one plus one greater than two".

Keywords：collaborative innovation management；COVID-19；big data；artificial intelligence；epidemic prevention and control

1991～2019 年国内外管理咨询研究综述

申静，蔡文君

（北京大学 信息管理系，北京 100871）

摘要： 本文综合运用社会网络分析、统计分析、文献研究和内容分析等方法，从定量和定性两个方面，对 1991～ 2019 年国内外管理咨询研究文献进行了系统回顾和全面分析。结果显示：国外研究文献年发文量稳步增长，国内研究文献年发文量于 2005 年达到高峰后开始下降，未形成持续的研究热潮；国内外学者的合作度均不高，研究方向各不相同；国内外研究均关注管理咨询的知识服务和知识管理，国外还关注管理咨询的服务效果、创新发展和社会资本等，国内还关注管理咨询的独立性和行业发展等；国外研究以实证研究为主，国内大多数研究是理论研究，常用的实证研究方法有案例分析法、访谈法、问卷调查法、参与式观察法和其他调查法，理论研究方法有归纳分析法、模型法、案头调研法、指标构建法等；国内外的研究热点主要是管理咨询的成功因素、功能、过程和方法等；未来研究将呈现理论研究持续深化、研究方法不断丰富、研究内容更加广泛的趋势。

关键词： 管理咨询；知识服务；知识管理

中图分类号：G252   文献标识码：A

管理咨询是帮助管理者和组织，通过解决管理和经营的问题，鉴别和抓住新机会，强化学习和实施变革以实现组织的目的和目标的一种独立的、专业性的咨询服务[1]。知识经济时代，管理咨询作为一种典型的知识密集型服务，在社会政治经济发展和变革过程中发挥着重要作用。近年来，管理咨询业迅速发展，IBISWord 的《全球管理咨询行业—市场研究报告》显示，2015 年到 2020 年期间，全球管理咨询业的市场规模年均增长 2.5%，2019 年达 6340 亿美元，其中，美国、英国、中国分别为 2590 亿美元、490 亿美元、300 亿美元[2]。我国现代管理咨询业起源于 20 世纪 80 年代初，经过 40 余年发展其市场规模飞速增长，2019 年增长率高达 7.1%，但与美国等发达国家仍存在很大差距。开展管理咨询研究，能有效指导管理

作者简介：申静（1963—），女，四川成都人，北京大学信息管理系教授、博士生导师，博士，研究方向：情报分析、管理咨询、知识服务创新、智库研究。（通讯作者）蔡文君（1991—），女，山东滨州人，北京大学信息管理系博士研究生，研究方向：知识服务与智库研究。

咨询服务、推动管理咨询业创新发展。

目前国内外关于管理咨询的研究议题广泛，涵盖管理咨询的行业发展[3-4]、职业化[5-6]、程序[7]、营销[8-9]、方法与模型[10-11]等多个方面，还有学者在不同时期，利用各种数据库，采用各种方法从不同视角对管理咨询研究进行综述和述评，这些研究成果为本文提供了重要参考。例如，Poulfelt 和 Greiner 采用历史分析法将 1900～2000 年全球管理咨询业发展划分为十个阶段，并归纳了各阶段的管理咨询议题，分别是科学管理的诞生、科学管理与工作设计、人际关系与薪酬、综合管理、运营管理、绩效衡量/电子数据处理/投资组合管理、规划/组织结构/市场营销/竞争优势、卓越/文化/并购/全球化、互联网领导/变革/Y2K/BPR/ERP①以及外包/转型/网络/联盟[12]。Cerruti 等以 EBSCO 数据库中 1971～2017 年的管理咨询研究文献为样本，采用定性和定量相结合的方式，对国外的管理咨询研究文献进行回顾发现，国外研究主要集中在管理咨询成功的驱动因素、咨询师的作用以及客户和咨询师的关系三个领域，并强调未来的研究路径是：①全球公共行政管理咨询的特殊性，特别是数字转型、电子政务和变革管理；②管理咨询对新兴市场的适应能力以及进入新兴市场所需的不同技能；③中小企业管理咨询[13]。史虹等通过对 1980～2007 年的《中国期刊全文数据库》《中国引文数据库》中的管理咨询研究文献进行统计分析发现，国内这 27 年间的管理咨询研究主要包括发展历程、概念界定、咨询机构、行业管理、管理信息化、工程项目咨询、外国七个主题，并认为未来研究方向是基于西方管理咨询经验的理论创新和管理咨询战略规划研究[14]。可见，目前的相关研究仅限于对国内或国外的管理咨询研究文献进行综述，一般采用文献研究或统计分析等传统的、单一的研究方法，综述观点受作者主观因素影响较大。为了全面系统地了解国内外管理咨询研究情况，本文将综合运用社会网络分析、统计分析、文献研究和内容分析等多种方法，从定量和定性两个方面，对国内外 1991～2019 年管理咨询研究文献进行系统回顾和全面分析。

1　数据采集与处理

1.1　数据采集

为保证样本数据的全面性、权威性和代表性，作者采用下述方法和途径采集管理咨询研究的学术文献：以 TI=（"management consulting" OR "management consultancy" OR "management consultant" 等）为检索式检索 Web of Science 和 Scopus 等英文数据库；以 TI=（"管理咨询" OR "管理咨询师" OR "管理顾问" 等）为检索式检索中国知网和万方等中文数据库，检索日期设置为 1991 年 1 月至 2019 年 12 月，经过严格的人工筛选、去重后，共得到 157 篇英文文献和 234 篇中文文献。将上述文献数据全部下载，保存为 UTF-8 格式的 TXT 纯文本作为

---

① Y2K 即 Year 2 Kilo，千禧年问题；BPR 即 business process reengineering，业务流程重组；ERP 即 enterprise resource planning，企业资源计划。

分析样本，每篇文献中包含作者、标题、摘要、关键词、作者机构、发表年份、来源出版物等信息。

1.2 数据处理

首先，借助社会网络分析工具 CiteSpace 5.0.R1 SE 版本软件，统计国内外管理咨询研究文献的年发文量，并绘制关键词共现图谱和作者合著网络图谱。以关键词共现分析为例，本文数据处理过程中的软件基本参数设置如下：时间切片设为 1，数据选取范围设为 Top N=50，即将 1991～2019 年分割为 29 个分段，选取每个分段频次 Top50 的关键词，阈值插值根据生成知识图谱的整体情况进行调试，最终选取最优值（2,3,15）（3,3,20）（3,3,20），其余参数为系统默认值。

其次，采用内容分析法和统计分析法梳理采集文献的研究类型及研究方法，具体步骤：根据文献摘要、内容等获取其研究类型及研究方法，去除未获得相关数据的研究文献，并拆分采用混合研究方法的文献，如某文献同时采用了访谈法和问卷调查法，则在计数时统计访谈法和问卷调查法各 1 篇，最终获得 389 条有效数据。

最后，基于社会网络分析的结果，通过分析研究文献的题目、摘要和内容等，对每篇文献的研究主题进行编码分类，根据分类结果对国内外管理咨询研究热点进行定性分析。

2 定量分析结果

2.1 年发文量统计及分布

根据文献检索结果，自 1991 年以来中英文管理咨询研究文献年发文量如图 1 所示。可见，2015 年前的二十几年里，英文文献年发文量均低于 10 篇，但整体呈稳步增长态势，这表明国外学者对该研究领域的关注度不高，究其原因是与会计和法律等专业服务类似，管理咨询业高度分散、不够规范，而且政府对其缺乏管控，因此该领域较少受到国外学术界的关注[15]；中文文献年发文量自 2001 年开始快速增长，于 2005 年达到高峰后开始下降，且 2012～2019 年发文量均低于 10 篇，表明在 21 世纪初期国内学者十分重视管理咨询研究。进一步对国内文献进行统计分析发现，2001～2007 年，国内学者共发表 141 篇文章（约占中文总文献量的 60.3%），其中，行业发展研究相关文献 68 篇，占比约为 48.2%。因为这一时期国内管理咨询业开始起步，在国家政策扶持下发展态势良好，尤其是 2001 年中国加入世界贸易组织（World Trade Organization，WTO）后，各行各业对管理咨询的需求激增，管理咨询业的生存空间越来越大，但同时我国相关政策法规不健全、行业标准缺乏统一、本土机构核心竞争力不足、咨询师水平有限等问题也日益突出，致使相关学术研究文献尤其是行业发展研究文献数量随之增长，遗憾的是这股研究热潮未能持续。

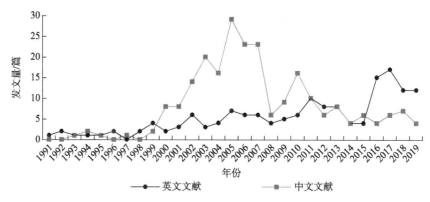

图 1　1991～2019 年中英文管理咨询研究文献年发文量统计（时间截至 2019 年 12 月）

2.2　研究团队及研究方向

通过分析作者的发文数量及其在作者合著网络中的地位，可以判断管理咨询研究领域的核心作者及合作程度，如图 2 和图 3 所示。由图 2 和图 3 可见，网络节点越大表示该作者发文量越多，连线越多表示作者在合著网络中的地位越重要。其中，图 2 中有 214 个节点和 159 条连线，网络密度为 0.007；图 3 中有 435 个节点和 234 条连线，网络密度为 0.0025，明显节点数量大于连线数量，说明独立作者较多，表明国内外学者的合作关系整体较为松散，合作度均不高。图 2 显示，国外学者形成了两个主要的研究团队，分别是英国布里斯托大学 Sturdy A. 研究团队和加拿大约克大学 Kipping M. 研究团队；图 3 显示，国内有三个主要的研究团体，分别是北京大学信息管理系申静研究团队、武汉大学信息管理学院焦玉英研究团队和河海大学商学院史虹研究团队。进一步分析核心作者发现，学者们的研究方向各不相同。如 Sturdy A. 团队主要研究管理咨询的知识服务[16-17]；Kipping M. 团队重点探讨管理咨询业的专业化发展[18-20]；申静团队主要研究管理咨询业的创新发展[21-22]；焦玉英团队重点研究我国管理咨询业的竞争环境与发展战略[23-24]。

2.3　研究范围与研究主题

通过分析关键词网络中关键词的共现情况，可以揭示管理咨询研究领域的核心话题，如图 4 和图 5 所示。从图 4 可看出，国外管理咨询研究主要分布在"公司"（firm）、"咨询"（consultancy）、"咨询师"（consultant）、"管理咨询师"（management consultant）、"专业服务公司"（professional service firm）、"知识密集型公司"（knowledge intensive firm）等，研究主题包括"知识"（knowledge）、"绩效"（performance）、"创新"（innovation）、"组织"（organization）、"组织变革"（organizational change）、"特性"（identity）、"影响力"（impact）、"人力资源管理"（human resource management）、"知识管理"（knowledge management）、"网络"（network）等，表明国外学者主要讨论管理咨询的知识服务、服务效果、知识管理、创新发展和社会资本等问题；从图 5 可看出，国内管理咨询研究对象比较多样，涵盖"咨询业""管理咨询业"

图 2　国外管理咨询研究作者合著网络

图 3　国内管理咨询研究作者合著网络

"管理咨询公司""管理咨询机构""咨询企业""会计师事务所""信息产业""中小企业""发达国家""注册会计师""咨询顾问""企业管理咨询"等，研究主题主要有"咨询服务""管理咨询服务""知识管理""知识转移""咨询业务""企业管理""改革开放""市场经济""独立性""管理咨询"等，表明国内学者重点研究管理咨询的知识服务、知识管理、独立性和行业发展等问题。

图 4   英文文献关键词共现分析结果

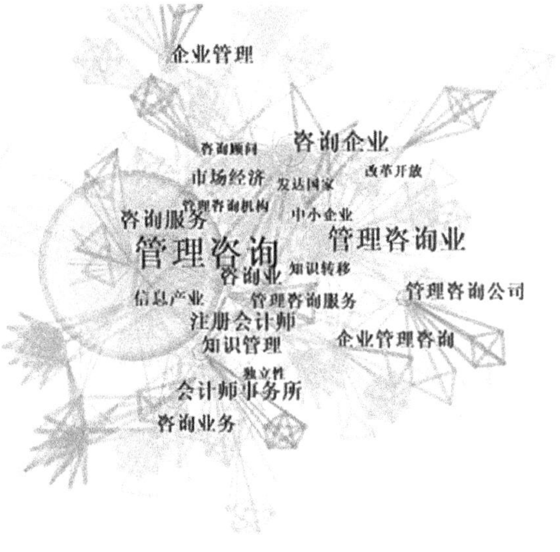

图 5   中文文献关键词共现分析结果

2.4   研究类型及研究方法

对采集文献的研究类型及研究方法进行统计分析，结果如图 6 和表 1、表 2 所示。由图 6 可见，106 篇英文文献（约占总文献量的 27.2%）和 47 篇中文文献（12.1%）是实证研究，主要通过经验观察的数据和实验研究等获取客观资料，揭示管理咨询的本质属性和发展规律等；40 篇英文文献（10.3%）和 196 篇中文文献（50.4%）是理论研究，主要通过阐述观点，或构建模型/指标体系（不进行实证）探讨管理咨询业的发展状况、发展战略、竞争态势等问题。可见，国外管理咨询研究以实证研究为主，国内大多数研究是理论研究。

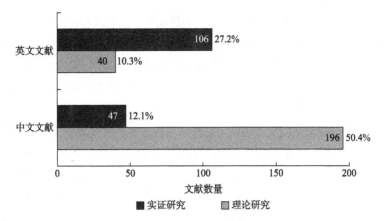

图 6 国内外管理咨询研究文献的研究类型情况

表 1 国内外管理咨询研究主要方法使用情况

项目	实证研究					理论研究				
	案例分析法	访谈法	问卷调查法	参与式观察法	其他调查法	归纳分析法	模型法	案头调研法	指标构建法	其他
英文文献	32	38	18	12	3	17	8	12	1	3
中文文献	25	4	11	0	7	137	33	21	2	5
总计	57	42	29	12	10	154	41	33	3	8

注：表中统计的是主要使用的研究方法数量，有部分多篇文献仅出现一次的研究方法并未计数在表中，还有部分文献采用了多种方法，所以存在表中数据与文中数据不一致现象

表 2 国内外管理咨询定量研究方法使用情况

项目	回归分析法	结构方程模型法	综合评价法	统计分析法	因子分析法
中文文献	2	2	7	2	2
英文文献	14	5	3	1	0
总计	16	7	10	3	2

由表 1 可见，在实证研究中，国内外研究文献均以定性方法为主，包括案例分析法、访谈法、问卷调查法和参与式观察法，显然这四种方法是国内外实证研究最常用的研究方法。其中，国外研究主要采用案例分析法、访谈法和问卷调查法，国内研究则以案例分析法和问卷调查法为主，国外研究采用的实证方法还有参与式观察法，但国内尚未有研究使用该方法。由表 2 可见，只有少部分实证研究使用了定量研究方法，主要有回归分析法、结构方程模型法、综合评价法、统计分析法和因子分析法等。其中，国外研究主要采用回归分析法和结构方程模型法，国内研究则主要使用综合评价法，如主成分分析法、模糊综合评价法等。

理论研究方法有归纳分析法、模型法、案头调研法和指标构建法等。由表 1 可见，国外理论研究文献较少，常用的方法有归纳分析法、案头调研法；比较而言，国内理论研究文献丰富，归纳分析法是最主要的研究方法，还有模型法、案头调研法等。其中，归纳分析法主要是分析管理咨询业的发展进程、发展水平、发展规律、发展规模等；模型法主要通过构建理论模型，阐述管理咨询的知识价值创造过程、知识转化机理、知识共享生成机制和人才培养模式等，但都未进行实证验证；案头调研法则是通过各种非实地渠道，如文献、报刊、网络等收集已有资料，并进行整理、分析、研究和应用，探讨管理咨询服务的专业化和行业发展等问题。

综上，国外研究文献年发文量整体上呈稳步增长态势，国内研究文献年发文量于 2005 年达到高峰后开始下降，未形成持续的研究热潮。国内外学者的合作度均不高，研究方向各不相同。国内外研究均关注管理咨询的知识服务和知识管理，国外还关注管理咨询的服务效果、创新发展和社会资本等，国内还关注管理咨询的独立性和行业发展等。国外研究以实证研究为主，国内的大多数研究是理论研究，实证研究主要采用定性方法，以传统研究方法为主，如案例分析法、访谈法、问卷调查法和参与式观察法等，其中，参与式观察法是国外研究常用的方法，定量方法在实证研究中较少使用，主要有回归分析法、结构方程模型法、综合评价法、统计分析法和因子分析法等；理论研究方法有归纳分析法、模型法、案头调研法和指标构建法等，归纳分析法在国内研究中应用最广泛。

3　定性分析结果

基于社会网络分析的结果，作者对采集文献的研究主题进行编码分类。分析结果显示，国内外的研究热点主要有管理咨询的成功因素、功能、过程和方法等。

3.1　管理咨询成功因素

管理咨询服务的成功是指管理咨询团队在预算内按时交付能满足客户服务期望的咨询成果[25]。根据编码分析结果，管理咨询成功因素主要包括管理咨询团队的综合能力、人力资源管理、客户组织的特征、咨询师与客户的关系、政府部门的支持等。例如，Klarner 等采用偏最小二乘法–结构方程模型（partial least square method-structural equation modeling，PLS-SEM）对欧洲 90 个战略咨询项目进行研究发现，项目团队的任务完成能力和任务适应能力以及与客户沟通的能力对管理咨询任务的成功完成至关重要[26]。Kim 和 Lee 通过建立"人力资源管理–能力–组织绩效"模型，采用回归分析法对韩国 46 家管理咨询公司进行实证研究发现，将管理咨询师的人力资本和社会资本整合为人力资源实践体系，可以提高公司绩效[27]。Jang 和 Lee 通过结构方程模型法研究发现，客户组织的特征是管理咨询项目成功的重要因素，如客户管理层对咨询活动的支持、客户对管理咨询团队的承诺[25]。Wye 等运用访谈法、文献研究法、内容分析法等定性方法，以英国国家医疗服务体系为例研究发现，管理咨询成功发挥影响力需要：①解决与客户明确商定的、与管理和运营相关的问题；②联合客户组织共同制订解决方案；③与客户合作研究、分析和解释数据成果，为其本土化调试策略提供信息支持[28]。

李毅辉和杨春娇采用 Logistics 层次回归模型法实证研究发现，经过政府认定的管理咨询机构开展的管理咨询项目成功率更高[29]。有些学者综合考虑多种管理咨询成功因素，如 Anand 等借鉴知识密集型公司、实践社区和专业服务公司等的理论，采用案例分析法总结了管理咨询成功的四个关键要素，分别是社会化的机构、差异化的专业知识、开发新领域的能力以及客户组织的支持[30]；陈芳通过研究管理咨询服务中的多维度知识转移过程发现，管理咨询机构是否能向客户成功转移知识取决于所转移知识的特性、客户组织的吸收能力、咨询机构的发送能力、客户与咨询机构之间交流/沟通和合作的程度、客户与咨询机构之间的知识转移情景以及管理咨询服务的价格等[31]；余彩霞以麦肯锡等知名管理咨询公司为例研究提出，管理咨询公司成功的原因是其能及时响应客户需求、利用媒体进行宣传、拥有求异思维、可提供个性化和高质量的咨询服务以及与客户密切合作[32]。

可见，国内外学者都关注管理咨询成功因素，研究成果比较多，通常从服务提供者（管理咨询公司）、服务对象（客户组织）和服务环境三个角度探讨管理咨询的成功因素；研究方法多样，以实证研究为主，包括案例分析法、访谈法等定性研究方法和回归分析法、结构方程模型法等定量研究方法，具有较强的客观性和普适性。

3.2　管理咨询功能

管理咨询是根据客户需求由具备专业知识的人员为客户提供具有高度专业化知识和高智力附加值的专业服务[33]，具有教育培训、问题诊断、政策研究、决策咨询和管理思想传播等功能，扮演知识经纪人、知识整合人、知识资源提供者和变革推动者等多重角色。例如，Clark 和 Salaman 基于拟剧论（Dramaturgy）分析指出，猎头咨询师的主要作用是为候选人提供培训和辅导，确保其面试时的个人形象和举止表现符合客户组织的要求[34]。史虹和张威威指出，管理咨询通过开办外训课、为高校的 MBA 提供实习机会、开展专项培训三种服务方式，为职业经理人提供教育培训[35]。赵康从国际视野的角度指出，管理咨询是运用咨询知识帮助客户认识和解决有关管理问题，并通过设计和实施方案构建新的现实，使客户获得新的经济和社会效益[36]。Begley 和 Sheard 通过分析 1974 年英国国家医疗服务体系的重组过程指出，麦肯锡通过参与开发一系列可行的替代组织和过程的假设方案、假设检验、方案实施三个阶段的"重组研究小组"政策研究，发挥了其在客户组织变革中的决策咨询作用[37]。Creplet 等通过与管理咨询师访谈发现，管理咨询采用两类服务帮助客户组织改善管理，并选择更好的问题解决工具：①参与客户的知识编码（knowledge codification）过程，将外部知识转化为标准的产品形式，实现外部知识的内在化和传播；②参与客户的知识创造过程，从而培育客户高层管理者的知识共同体战略和组织思想[38]。Crucini 和 Kipping 采用问卷调查法和访谈法研究发现，管理咨询作为全球变革的推动者，具有传播和转化新管理知识等的功能，可以有效促进管理实践的广泛应用[39]。O'Mahoney 和 Sturdy 以麦肯锡为例研究发现，管理咨询公司通过财政、网络、人力等资源产生文化资本和知识资本，传播和转化其管理思想，从而影响客户高层管理者的决策[16]。

可见，国外通常采用访谈、案例分析等实证方法对管理咨询的功能进行广泛深入研究，并重视管理思想传播以及管理咨询对客户高层管理者的影响作用；比较而言，国内研究以理论研究为主，缺乏实证，主要通过归纳总结，阐释了管理咨询的教育培训和问题诊断等功能。

3.3 管理咨询过程

管理咨询是综合利用信息、知识、经验、技术等，通过分析组织的问题和制订改进计划，提升组织绩效，为组织创造价值的知识服务过程，包括确定客户需求、明确研究问题、收集和处理数据、形成解决方案、提交咨询成果和推动变革实施等阶段。例如，高汝熹和周波基于行业特性提出管理咨询业务流程，是由确定咨询需求、签订咨询合同、明确问题、形成解决方案、执行方案和形成咨询成果 6 个阶段组成[40]。杨廷钫和杨从杰认为科学的管理咨询具有严谨的过程，分为进入、资料数据收集、方案制订和方案实施四个阶段[41]。王致用结合自己的管理咨询工作实践，总结了管理咨询业务的基本流程，包括签订咨询业务合同、形成咨询文本框架、提交咨询文本三个阶段[42]。张阳和周芬通过构建管理咨询公司的知识价值链模型，提出其业务流程包括咨询准备、咨询调研、咨询诊断、咨询方案设计以及咨询成果传递与实施五个阶段[43]。Werr 和 Stjernberg 以埃森哲和安永管理咨询公司为例，认为管理咨询就是咨询顾问根据自己的经验，利用各种咨询方法和工具，构建抽象的、通用的语言和知识结构，并通过叙述案例传播知识的过程[44]。Taminiau 等从非知识共享视角，通过与荷兰管理咨询师深度访谈发现，管理咨询过程包括"咨询师之间直接共享知识—非正式知识共享—知识创造—正式知识共享—集体学习—创新服务"六个步骤[45]。Darie 等通过调研发现，管理咨询过程由项目总体思路的确定和开发两个阶段组成，其中确定阶段主要是了解组织的愿景、使命、战略和目标等，并通过初步可行性研究，明确人员、信息、时间等资源的分配和预期成果，开发阶段包括设计工作策略、建立必要的信息系统、确定资源的分配和开展必要的研究等[46]。

可见，国内学者十分关注这个议题，主要从管理咨询全过程开展理论研究，究其原因可能是国内管理咨询水平仍不高，学者们试图通过构建规范化、体系化的管理咨询过程，以指导管理咨询实践；比较而言，国外学者从不同的研究视角，采用案例分析、访谈等实证方法开展应用研究，以改进或优化管理咨询过程。

3.4 管理咨询方法

管理咨询是一项逻辑严密的、富有创造力的科学研究活动，各个工作环节都需遵循科学严谨的方法，才能有效保障管理咨询服务的质量和效率。根据编码分析结果，可将管理咨询方法分为组织设计方法、数据采集方法、分析论证方法、成果转移和共享方法等。例如，Visscher 和 Irene 通过深度访谈法研究发现，管理咨询的组织设计方法有理性设计、对话式设计、实用设计三类[47]。Adesi 等从研究方法论的角度对现有文献分析发现，管理咨询的数据收集方法有访谈法、观察法、行动研究法、文献法和问卷调查法等，其中，行动研究法是一种关键的、实用的管理咨询方法[48]。王君等从社会技术系统视角，提出了基于案例推理的知识管理咨询系统架构，并研究了实现该系统所采用的案例知识表示、检索、存储和案例学习等关键技术，从而能有效地支持知识重用和知识创新，提高知识管理的有效性，以及知识资源的共享和充分运用[49]。赵炬明通过对比管理咨询与院校研究指出，管理咨询师通常采用个别访谈和集体访谈、问卷调查、实地考察等方法收集资料，利用麦卡锡 7S 模型①、基标法、专家咨询法、头脑风暴法、力场分析法等诊断和表述问题[50]。Kim 和 Trimi 通过调查美国和加拿大的 115 家管理咨询公司提出，管理咨询公司在成果转移和知识共享时，应用最广泛的是 E-mail、互联网和搜索引擎等互联网技术，其次是文档管理、数据仓库、数据挖掘、知识库等数据管理技术，还有视频会议、工作流管理、决策支持系统和知识图谱等协作技术[51]。

可见，国外广泛关注各种管理咨询方法，多数探讨传统的管理咨询方法，既有实证研究，又有理论研究；比较而言，国内不太关注方法研究，相关研究成果较少，主要通过理论研究阐述管理咨询的知识管理、资料收集和问题诊断等。

4　研究结果及讨论

在创新驱动的知识经济时代，管理咨询作为典型的知识密集型服务，在政府决策咨询、企业问题诊断研究、教育培训以及管理思想传播等方面发挥着重要作用，有效提升了政府决策能力、企业组织变革能力，并推动客户组织可持续发展。作者综合运用社会网络分析、统计分析、文献研究和内容分析等方法，系统梳理和分析了国内外近 30 年的管理咨询研究文献，研究发现：国外研究稳步增长，国内研究于 2005 年达到高峰后开始下降，未形成持续的研究热潮；学者之间普遍缺乏合作，研究方向各不相同；研究均关注管理咨询的知识服务和知识管理，国外还关注管理咨询的服务效果、创新发展和社会资本等，国内还关注管理咨询的独立性和产业发展等；国外研究以实证研究为主，国内研究以理论研究为主，常用的实证研究方法有案例分析法、访谈法、问卷调查法和参与式观察法等定性方法，以及回归分析法、结构方程模型法、综合评价法、统计分析法和因子分析法等定量方法，理论研究方法有归纳分析法、模型法、案头调研法和指标构建法等。作者进一步对文献的研究主题进行编码分类发现，国内外管理咨询的研究热点主要是管理咨询的成功因素、功能、过程和方法等。

通过全面深入分析国内外近 30 年管理咨询研究文献，作者预测未来该领域研究将呈现以下趋势：①理论研究持续深化。在大数据环境和数据挖掘、自然语言处理等新技术的影响下，管理咨询研究将引入数据驱动思想进行理论创新，推动传统理论与新技术、新方法的深度融

---

① 麦卡锡 7S 模型（Mckinsey 7S Model），简称 7S 模型，是考察组织在战略（strategy）、结构（structure）、系统（system）、技能（skill）、员工（staff）、风格（style）、共同价值观（shared values）7 个要素之间相互匹配程度的方法工具。

合[52]，甚至产生新的理论，以应对大数据时代管理咨询业发展面临的挑战，指引管理咨询未来的研究方向，指导管理咨询未来的工作实践。②研究方法不断丰富。根据研究方法统计结果，目前管理咨询研究正从基于经验性方法的理论研究向理性化的、以现代信息技术为工具的应用性研究过渡，由定性分析向定量分析或定性定量相结合过渡，由单一研究方法向综合运用多种研究方法过渡，如综合运用访谈、问卷调查、参与式观察等方法收集数据，利用回归分析、结构方程模型、综合评价法、因子分析等方法进行分析论证，以提升研究的科学性、可靠性和实用性。③研究内容更加广泛。随着管理咨询研究的不断深入，相关研究正从最初的讨论管理咨询的内涵与外延，逐步转向对管理咨询业创新发展的具体问题进行深入研究，如管理咨询商业模式的数字化转型[53]、管理咨询公司的开放式创新组织模式[54]、管理咨询企业知识管理优化[55]以及客户利用管理咨询服务动机的异质性[56]等。

参考文献

[1] Butler D. Business Development：A Guide To Small Business Strategy[M]. London：Routledge，2012.

[2] IBISWord. Global Management Consultants Industry-Market Research Report[EB/OL]. https://www.ibisworld. com/global/market-research-reports/global-management-consultants-industry/2019-12[2020-01-01].

[3] Mosonyi S，Empson L，Gond J P. Management consulting：towards an integrative framework of knowledge，identity，and power[J]. International Journal of Management Reviews，2020，22（2）：120-149.

[4] 罗纪宁，卢泰宏. 中国管理咨询业市场的发展与对策——从广州市管理咨询市场的透视谈起[J]. 南方经济，2001（1）：62-65.

[5] Kipping M. Hollow from the start?Image professionalism in management consulting[J]. Current Sociology，2011，59（4）：530-550.

[6] 娄权，况成功. 从管理会计咨询服务市场看管理会计咨询职业化[J]. 中国注册会计师，2019，(12)：99-102.

[7] Da Costa R L，António N S，Santos J B D. Management consulting practices and praxis[J]. International Journal of Learning and Change，2019，11（1）：39-56.

[8] Harvey W S，Morris T，Müller S M. Reputation and identity conflict in management consulting[J]. Human Relations，2017，70（1）：92-118.

[9] 曾祥明，崔磊. 论管理咨询业营销的属性及策略[J]. 商业研究，2004，(6)：80-81.

[10] Bruccoleri M，Riccobono F. Management by objective enhances innovation behavior：an exploratory study in global management consulting[J]. Knowledge and Process Management，2018，25（3）：180-192.

[11] 杨乃定，李怀祖，陈俭. 企业管理咨询智能化方法综述与展望[J]. 决策与决策支持系统，1995，(2)：98-103.

[12] Greiner L, Poulfelt F. Management Consulting Today and Tomorrow：Perspectives and Advice from 27 Leading World Experts[M]. London：Routledge，2009.

[13] Cerruti C，Tavoletti E，Grieco C. Management consulting：a review of fifty years of scholarly research[J].

Management Research Review，2019，42（8）：902-925.

[14] 史虹，胡江凤，杨文斌. 管理咨询研究文献的综述与分析[J]. 商场现代化，2007，（15）：42-44.

[15] Srinivasan R. The management consulting industry：growth of consulting services in India：panel discussion[J]. IIMB Management Review，2014，26（4）：257-270.

[16] O'Mahoney J，Sturdy A. Power and the diffusion of management ideas：the case of McKinsey & Co[J]. Management Learning，2016，47（3）：247-265.

[17] Sturdy A，O'Mahoney J. Explaining national variation in the use of management consulting knowledge：a framework[J]. Management Learning，2018，49（5）：537-558.

[18] Kipping M. The US influence on the evolution of management consultancies in Britain，France，and Germany since 1945[J]. Business and Economic History，1996，25（1）：112-123.

[19] Muzio D，Kirkpatrick I，Kipping M. Professions，organizations and the state：applying the sociology of the professions to the case of management consultancy[J]. Current Sociology，2011，59（6）：805-824.

[20] Kipping M，Kirkpatrick I. Alternative pathways of change in professional services firms：the case of management consulting[J]. Journal of Management Studies，2013，50（5）：777-807.

[21] 申静，云梦妍，耿瑞利. 差异化视角下管理咨询业品牌构成要素模型[J]. 技术经济，2016，35（10）：94-101.

[22] 申静，黄巧芳，宋小双. 管理咨询公司全球化与专业化发展的关系[J]. 技术经济，2017，36（7）：36-42.

[23] 焦玉英，陈芳. 我国管理咨询业的竞争环境与发展策略研究[J]. 情报科学，2006，（4）：481-484.

[24] 焦玉英，李进华. IT 技术条件下我国现代管理咨询业的发展方略[J]. 情报科学，2001，（3）：225-227.

[25] Jang Y，Lee J. Factors influencing the success of management consulting projects[J]. International Journal of Project Management，1998，16（2）：67-72.

[26] Klarner P，Sarstedt M，Hoeck M，et al. Disentangling the effects of team competences，team adaptability，and client communication on the performance of management consulting teams[J]. Long Range Planning，2013，46（3）：258-286.

[27] Kim A，Lee C. How does HRM enhance strategic capabilities?Evidence from the Korean management consulting industry[J]. The International Journal of Human Resource Management，2012，23（1）：126-146.

[28] Wye L，Brangan E，Cameron A，et al. What do external consultants from private and not-for-profit companies offer healthcare commissioners?A qualitative study of knowledge exchange[J]. BMJ Open，2015，5（2）：e006558.

[29] 李毅辉，杨春娇. 中小企业管理咨询项目成功影响因素研究[J]. 生产力研究，2014，（1）：122-127，133.

[30] Anand N，Gardner H K，Morris T. Knowledge-based innovation：emergence and embedding of new practice areas in management consulting firms[J]. Academy of Management Journal，2007，50（2）：406-428.

[31] 陈芳. 管理咨询服务中知识转移的影响因素[J]. 情报理论与实践，2007（4）：460-462.

[32] 余彩霞. 对知名管理咨询公司形成机理的三维透视[J]. 图书馆理论与实践，2007，（6）：43-46.

[33] 申静. 知识型服务业的服务创新[M]. 北京：北京图书馆出版社，2006：43-65.

[34] Clark T，Salaman G. Creating the "right" impression：towards a dramaturgy of management consultancy[J]. The

Service Industries Journal，1998，18（1）：18-38.

[35] 史虹，张威威. 管理咨询企业发挥作用的模式及其评价[J]. 理论学刊，2007，（6）：54-55.

[36] 赵康. 国际视野中的管理咨询：概念与内涵界定[J]. 科学学研究，2001，（4）：59-65.

[37] Begley P，Sheard S. McKinsey and the "tripartite monster"：the role of management consultants in the 1974 NHS reorganisation[J]. Medical History，2019，63（4）：390-410.

[38] Creplet F，Dupouet O，Kern F，et al. Consultants and experts in management consulting firms[J]. Research Policy，2001，30（9）：1517-1535.

[39] Crucini C，Kipping M. Management consultancies as global change agents?Evidence from Italy[J]. Journal of Organizational Change Management，2001，14（6）：570-589.

[40] 高汝熹，周波. 管理咨询业的行业特性研究[J]. 研究与发展管理，2005，17（5）：35-42.

[41] 杨廷钫，杨从杰. 管理咨询顾问胜任力结构分析[J]. 科学学与科学技术管理，2005，（4）：129-133.

[42] 王致用. 管理咨询业务流程概述[J]. 财会月刊，2006，（24）：62-63.

[43] 张阳，周芬. 管理咨询公司知识价值创造过程机理研究——基于知识价值链模型的分析[J]. 情报杂志，2009，28（7）：114-117.

[44] Werr A，Stjernberg T. Exploring management consulting firms as knowledge systems[J]. Organization Studies，2003，24（6）：881-908.

[45] Taminiau Y，Smit W，de Lange A. Innovation in management consulting firms through informal knowledge sharing[J]. Journal of Knowledge Management，2009，13（1）：42-55.

[46] Darie M，Mocanu O，Gasparotti C，et al. Assessment of the performance of management consulting services-a correlational survey[J]. Forum Scientiae Oeconomia, 2019，7（3）：31-47.

[47] Visscher K，Irene J. Organizational design approaches in management consulting[J]. Management Decision，2010，48（5）：713-731.

[48] Adesi M，Owusu-Manu D，Badu E. Rethinking methodology in project management consulting context[J]. International Journal of Construction Project Management，2015，7（2）：79-100.

[49] 王君，潘星，李静，等. 基于案例推理的知识管理咨询系统[J]. 清华大学学报（自然科学版），2006，（S1）：990-995.

[50] 赵炬明. 管理咨询与院校研究[J]. 高等工程教育研究，2007，（2）：53-62，97.

[51] Kim S K，Trimi S. IT for KM in the management consulting industry[J]. Journal of Knowledge Management，2007，11（3）：145-155.

[52] 申静，赵域航，赵炳容等. 数据挖掘技术在信息咨询研究中的应用[C]//李广建. 情报学与信息管理研究文集. 北京：北京大学出版社：2017：67-80.

[53] Jerónimo C，Pereira L，Sousa H. Management consulting business models：operations through and for digital transformation[R]. Valbonne：2019 IEEE International Conference on Engineering，Technology and Innovation（ICE/ITMC）.2019.

[54] 申静，毕煜，云梦妍. 管理咨询公司的开放式创新组织模式[J]. 技术经济，2019，38（1）：56-62，128.

[55] 伏虎 李雪梦. 基于结构方程模型的管理咨询企业知识管理优化研究[J]. 情报科学，2019，37（11）：154-162，177.

[56] Mattila J，Tukiainen S，Kajalo S. Heterogeneity in client motives for utilizing management consulting[J]. Baltic Journal of Management. 2019，14（2）：250-267.

Review on Management Consulting Research from 1991 to 2019

Shen Jing，Cai Wenjun

（Department of Information Management，Peking University，Beijing 100871，China）

Abstract：By comprehensively using the methods of social network analysis，statistical analysis，literature research and content analysis，this paper，both qualitatively and quantitatively，makes a systematic review and analysis of the literature of management consulting research from 1991 to 2019. The results show as follows：the annual publication volume of foreign research literature has grown steadily，while the annual publication volume of domestic research literature began to decline after reaching the peak in 2005，without forming a sustained research boom；both foreign and domestic scholars' cooperation degree are not high，and the research direction is different；both domestic and foreign research focus on knowledge service and knowledge management of management consulting，foreign research also pay attention to the service effect，innovation development and social capital，while domestic research also pay attention to the independence and industry development；foreign research are mainly empirical research，while most of domestic research are theoretical research，the empirical research methods include case analysis，interview，questionnaire，participatory observation，investigation，the theoretical research methods include induction analysis，model method，desk investigation，index construction，etc.The main research hotspots at home and abroad are the factors influencing success functions，processes and methods of management consulting. This paper reveals some trends in the future，including the theoretical research will continue to deepen，the research methods will be enriched constantly，the research content will be more extensive.

Keywords：management consulting；knowledge service；knowledge management

数字创业：理论溯源、发展脉络与生成图景*

姜骞[1]，王丹[1]，吴冰野[2]

（1.三亚学院 管理学院，三亚 572000；2.三亚学院 教务处，三亚 572000）

摘要：本文运用 CiteSpace 5.5.R2 软件对 Web of Science 核心数据库的 373 篇文献进行了科学计量分析，系统阐述了数字创业研究的知识图谱，通过基石性、核心性和突现性文献分析，把脉数字创业研究的理论基础、演进趋势及研究热点，并构建了技术产业、生态系统、商业模式创新和组织行为四大视角下的数字创业研究理论生成图景，最后提出未来研究的发展方向。

关键词：数字创业；理论溯源；发展脉络；生成图景

中图分类号：F279.2   文献标识码：A

1 研究回顾

伴随着以"互联网+"、大数据、云计算等为代表的新一代信息技术群落的指数级核聚变，以数据驱动、万物互联、软件定义、平台支撑、智能主导为主要特征的数字经济全面渗透到全球范围内的各个角落，已然被众多元主体所认知、学习和应用。数字化能力创造了无数的新产品、新服务、新业态和新模式，赋能传统产业、企业的转型升级，时空的压缩和虚拟化、智能终端工具的普及化催生了诸多具有较高创新价值的数字平台和生态系统，数字技术运用实现了从提升效率和生产率的辅助角色到生产力拉动和价值创新的"结构洞"位势，数字技术术对基础创新和价值创造起决定作用。

---

*基金项目：国家社会科学基金一般项目"动态能力视阈下平台领导企业数字化创新生态系统与价值共创研究"（19BGL043）；教育部人文社会科学研究规划基金项目"共生网络视阈下超模块平台组织迭代创新与强化路径研究"（20YJA630060）；海南省基础与应用基础研究计划（自然科学领域）高层次人才项目"'搜索-学习'视阈下科技企业孵化器创新孵化内聚机理、耦合路径与应用研究"（2019RC255）；三亚学院校企合作项目"数字化赋能科技型中小企业创新能力跃迁路径选择研究"（USYXQ20-015）。

作者简介：姜骞（1983—），男（满），辽宁锦州人，三亚学院管理学院副教授，博士，研究方向：创新创业管理。王丹（1972—），女，辽宁抚顺人，三亚学院教授，博士，研究方向：创业力与组织创新。吴冰野（1983—），女，辽宁抚顺人，三亚学院，硕士，研究方向：平台领导与数字化创新。

综合来看，数字创业研究形成以内涵和属性挖掘、理论构建、创业影响机理等内容为核心的研究主体，归纳和总结了数字技术在创业理论、创业实践和创业产出等方面的价值性知识，也有少部分学者对数字创业理论发展趋势进行研究。例如，国外学者 Nambisan 从技术观视角对数字创业概念、范畴、应用领域以及未来热点问题进行理论阐释[1]。国内学者余江等在传统创业和数字创业对比的基础上，深度剖析了数字技术对创业起步、创业过程和创业产出三个阶段的影响机理[2]。蔡莉等从个体、企业和生态系统三个层面深入剖析了数字技术与创业活动之间的关系，总结分析了数字技术对创业理论的挑战，并提出未来的研究问题[3]。尽管现有研究成果对数字创业相关研究进行了归纳和总结，但研究成果以国外居多，国内高质量研究成果甚少，且不同理论视角下的数字创业研究缺乏统一的理论基础和研究框架，特别是数字技术和多学科交叉融合的创业研究主题呈现碎片化和差异化，致使数字创业理论建构、内涵挖掘以及应用情境的阐释存在较大差异，现有数字创业综述性研究的思路多以不同学科知识集的理论演绎为主，缺乏通过科学计量学来呈现数字创业研究的理论溯源、发展脉络、主流理论架构。

此外，数字创业研究对转型经济下的中国管理理论向纵深发展和实践应用具有非凡意义，复杂制度变迁和震荡市场环境的双重嵌入情境下，通过数字技术实现商业模式创新和组织资源重构可以为创新追赶提供有效前进路径，国内学者的重视程度显然不足，理论研究明显滞后，难以引导创业实践的良性发展。故而，本文基于文本挖掘和引文分析理论，运用 CiteSpace 5.5.R2 信息可视化软件对 Web of Science 核心数据库的 373 篇文献进行科学计量分析，通过识别数字创业研究的主要流派，明晰数字创业研究隐含的理论逻辑，通过基石、核心和突现性文献分析把握数字创业研究的发展脉络，识别研究热点领域，通过引文分析和共词分析从技术产业、生态系统、商业模式创新和组织行为四大视角厘清数字创业研究的生成图景，以期为中国情境下的数字经济理论体系构建奠定理论基础，为新兴经济体企业更好发展提供学术支撑。

2 研究设计

2.1 研究方法与工具

以数理统计原理为基础的科学计量学依托计算机软件为辅助手段对科学文献中涵盖的 Author（作者）、Institution（机构）、Keywords（关键词）、Reference（参考文献）等价值性信息进行理论溯源、研究热点、发展脉络等分析，从而揭示某一研究领域的内在发展规律。CiteSpace 是由被国内外同行专家评价为当代信息可视化与科学知识图谱学术领域的国际顶尖领军人物陈超美（Chaomei Chen）教授使用 Java 语言开发的适用于多元、分时、动态的引文可视化分析软件[3]，其主要功能包括共被引与耦合分析、科研合作网络分析、主题和领域共现网络分析等，通过时空视图、聚类视图、节点大小、连接线的颜色差异等可以清晰、快速地绘制某一领域的研究进展、动向及发展趋势[4]。CiteSpace 软件的运用有助于学者把握数字创业研究的理论基础和研究主题、热点的演进趋势和理论框架，弥补传统文献综述中的主观偏差劣势，继而能客观展开文献综述的归纳和总结。故而，本文采用 CiteSpace 5.5.R2 可视化软件对 1998～2020 年 Web of Science 核心数据库中数字创业研究的高质量文献进行科学计量分析，输出直观的可视化网络，全面综合地概括数字创业研究的纵深发展和生成图景。

2.2　数据来源与处理

本文的文献数据选择 Web of Science 核心数据库，检索日期为 2020 年 7 月 23 日。数据收集遵循以下流程。首先，选定 1990～2020 年，Document Type（文件类型）设置为 Article（文章），以 "Digital Entrepreneurship" 为 "Topics"（主题词），共检索到期刊论文 373 篇。其次，在 Web of Science 核心数据库界面中选择这 373 篇文献记录的 "Full Record and Cited References"（全记录和引用的参考文献），并将 "File Format"（文件格式）选择为 "Plain Text"（纯文本），选择 "Send"（发送）导出纯文本格式文件，以备采用科学计量软件 CiteSpace 5.5.R2 进行知识图谱分析。最后，进行正式知识图谱分析之前，为了保障数据分析的有效性，运用 CiteSpace 对下载的文献记录进行过滤和除重操作。时间范围选择均为 1990～2020 年，时间切片均为 1 年，语词来源同时选择 "Title"（标题）、"Abstract"（摘要）、"Descriptors"（描述）和 "Identifiers"（标识）；数据抽取对象为 Top20，即每年中选择前 20 个高频节点。

3　研究结果与分析

3.1　描述性统计分析

3.1.1　发文量、国家和组织分析

从图 1 所示的发文量可知，以数字创业为主题的文献发文量总体上凸显为先平稳后爆发的发展趋势，可以划分为三个阶段。第一阶段，1990～2002 年，发表论文数量为 0 篇，主要原因是计算机、互联网等信息技术处于初步发展时期，尚未发展到数字经济时代。第二阶段，2003～2013 年，数字创业的文献初露端倪，发表论文数量平均每年 2 篇，受到新一轮信息技术革命的影响，学者开始关注数字创业的相关话题；第三阶段，2014～2020 年为极速爆发式增长阶段，随着大数据、"互联网+"、云计算等技术群落核聚变，学者围绕数字创业的商业模式等相关主题展开广泛的探究，从 2014 年的 7 篇发文量到 2019 年发文量达到峰值 138 篇，较上一阶段发文量呈现指数级增长，随着数字技术在各个领域的广泛应用，未来数字技术相关论文必然持续攀升。由表 1 可知，最高产的前 5 个国家分别是美国（77 篇，占比 20.64%）、英国（36 篇，占比 9.65%）、西班牙（27 篇，占比 7.24%）、澳大利亚（24 篇，占比 6.43%）和中国（22 篇，占比 5.90%），美国占据主导地位，英国、西班牙、澳大利亚和中国具有相当分量的贡献。数字创业同时引起了国际顶尖学府的持续关注，发文排在前列的组织机构是威斯康星大学（University of Wisconsin）、昆士兰科技大学（Queensland University of

Technology）、洛斯基尔德大学（Roskilde University）、米兰理工大学（Politecn Milan）、明尼苏达大学（University of Minnesota）、华威大学（University of Warwick）和隆德大学（Lund University），成为推动数字创业相关理论发展的主要组织（表 2）。

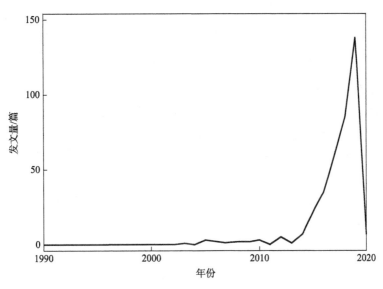

图 1　1990～2020 年 Web of Science 核心数据库收录的数字创业研究发文量

表 1　发文数量国家排名

序号	国家	数量/篇	占比/%
1	美国	77	20.64
2	英国	36	9.65
3	西班牙	27	7.24
4	澳大利亚	24	6.43
5	中国	22	5.90
6	德国	20	5.36
7	瑞典	19	5.09
8	芬兰	16	4.29
9	意大利	16	4.29
10	法国	15	4.02
11	荷兰	15	4.02
12	加拿大	12	3.22

表 2　发文数量机构排名

序号	机构	数量/篇	所在国家
1	威斯康星大学	4	美国
2	昆士兰科技大学	4	澳大利亚
3	洛斯基尔德大学	4	丹麦
4	米兰理工大学	3	意大利

续表

序号	机构	数量/篇	所在国家
5	明尼苏达大学	3	美国
6	华威大学	3	英国
7	隆德大学	3	瑞典

3.1.2 发文所属期刊分析

发文量排名前十位的高水平期刊共发表 70 篇相关论文，占比接近 19%（表 3），形成数字创业研究的核心期刊群，所属学科聚焦于创新创业、信息科学与信息管理、管理科学与工程以及战略管理。其中 *Technological Forecasting and Social Change*、*Journal of Strategic Information Systems*、*Sustainability*、*Computers in Human Behavior*、*Information Communication & Society*、*Journal of Business Research*、*Research Policy* 等高水平期刊均发表 4 篇以上文章，足以显现创新创业以及管理科学领域对数字创业议题的密切关注，其他领域的高水平期刊也逐渐聚焦数字创业相关话题研究。

表 3 发文数量前十的期刊

序号	期刊名称	所属类别	影响因子	发文量/篇	占比
1	*Technological Forecasting and Social Change*	Business，Regional &Urban Planning（商科与区域城市规划）	3.815	14	3.75%
2	*Journal of Strategic Information Systems*	Computer Science, Information System（计算机科学与信息系统）	4.000	6	1.61%
3	*Sustainability*	Green & Sustainable Science, Technology（绿色与可持续科学技术）	2.592	6	1.61%
4	*Computers in Human Behavior*	Psychology，Multidisciplinary（心理学与交叉学科）	4.306	5	1.34%
5	*Information Communication & Society*	Communication，Sociology（社会传播学）	4.124	5	1.34%
6	*Journal of Business Research*	Business（商科）	4.028	5	1.34%
7	*Research Policy*	Management（管理学）	5.425	5	1.34%
8	*Business Horizons*	Business（商科）	2.828	4	1.07%
9	*Strategic Entrepreneurship Journal*	Business（商科）	2.956	4	1.07%
10	*Small Business Economics*	Business，Economics，Management（经济与管理学）	3.555	4	1.07%

注：表中只罗列到第 10 位，后面还有 3 本期刊同样发文 4 篇，篇幅所限，未放入表中

3.1.3 发文作者分析

数字创业研究发文量排名前五的作者分别是 Satish Nambisan（5 篇）、Antonio Ghezzi（3 篇）、WenYu Du（3 篇）、Per Davidsson（3 篇）和 Chris Richter（3）篇。数字创业研究作者共现分布于合作网络中（图 2），节点大小表示作者发文量，节点间的连线代表作者存在合作关系，连线粗细表示作者间合作强度高低。总体来看，数字创业研究尚未形成持续性引领者，

作者之间的合作仅停留在小范围的团队合作，尚未形成广泛的合作网络。

图 2　数字创业主题研究主要学者共现分布与合作网络

3.2　理论溯源及其演进

文献共被引分析作为一种测度文献间关系强度的方法可以有效明确某一研究领域的研究起源和理论基础。运行 CiteSpace 5.5.R2，将"Node Types"（节点类型）设置为 Reference（参考文献），并将"Top *n* per slice"（每个时间切片中被引频次或出现频次最高的 *n* 个数据）阈值设置为 50，其他属性采用默认值，点击"Go"运行，得到共被引文献知识图谱，图中节点代表被引文献，半径越大表明被引频次越高。本文对数字创业研究的理论溯源和演进路径从基石性、核心性和突现性文献三大模块展开，以此解构数字创业研究的黑箱。

3.2.1　基石性文献分析

基石性文献可通过图 3 的 timeline 视图共被引文献知识图谱确定。被引用最早的文献作者分别是 Boudreau，Yoo，Grégoire、Barr 和 Shepherd，Yoo、Henfridsson 和 Lyytinen，Hansen、Shrader 和 Monllor，Fischer 和 Reuber，Pan 和 Tan，Davidson 和 Vaast 以及 Nambisan 和 Baron 等，这些作者的文章实际反映了数字创业研究的理论基础和运作机理。Boudreau 发表在 *Management Science* 的文章指出，1990～2004 年手持设备系统通过授予软件开发商更高的准入权限和开放控制权两种平台策略提升创新速度和研发增量，以此开启了独特的开放性数字经济机制[4]。Yoo 发表在 *MIS Quarterly* 的文章指出，经验计算通过深度学习"时间、空间、参与者和人工组件"的四维度人类经验实现数字技术嵌入以调解生产和生活，且系统探索了数字技术如何改变我们的日常体验，即以数字技术为核心的信息系统技术群将开辟一条丰富的、全新的人工科学途径[5]。Grégoire 等发表在 *Organization Science* 的文章指出，创业者通过技术与市场匹配识别新机会，通过先验性知识展开表层特征相似性比较和组织结构调整以实现新兴技术和市场之间的对接[6]。Yoo 等发表在 *Information Systems Research* 的文章指出，数字技术催生了分层模块化体系架构，即通过数字技术创建的设备、网络、服务和内容四种松散耦合层拓展模块化物理产品，生成包含数字化产品平台、可控平台资源的数字化新兴组织逻辑，企业应聚焦构建双重分布式网络能力以重塑产品生态，不断重新定义产品边界，赋予产品和服务新的价值增值[7]。Hansen 等将创业机会界定为向市场推出新产品、新方式、新模式、新路径、新方案和新服务的六维概念框架，并深入剖析涵盖机会开发、机会识别、机会匹配、需求感知、机会创造、问题解决、商业化和社会建构的创业机会相关流程[8]。Fischer 和 Reuber 发表在 *Journal of Business Venturing* 的文章运用质性研究方法详细地探讨了新型社会化媒体（Twitter）的运用对创业行为和活动的影响，结果表明，新型社会媒体渠道可以帮助创业者创造和利用机会、管理客户关系、塑造品牌价值等，不仅是与利益相关者沟通的手段，同时也是创造机会的潜在途径[9]。Pan 和 Tan 发表在 *Information and Organization* 的文章提出"结构化-实用化-情境化"（structured-pragmatic-situational，SPS）的案例研究方法，主要包括访谈协商、现象概念化、初始数据收集和整理、理论建构、数据检验、选择编码、一致性检验、撰写案例报告 8 个步骤[10]，SPS 方法为后续 Nambisan 等对数字创业的案例研究提供了扎实的方法蓝本。Davidson 和 Vaast 指出，数字创业是一种基于社会化物质的创业实践，由业务、知识和制度三种相互关联的创业机会组成其拓扑结构，业务创业包括承担追求新利润的风险和设计新的"手段-目的"流程以创造价值，知识创业包括开发新知识和完善知识再生产及分配，制度创业包括新行业实践的理论化过程和重塑行业准则及文化，接受全新行业实践模式[11]。Nambisan 和 Baron 认为，创业成功需要创业者充分利用元认知能力识别蕴藏在创新生态系统内外的差异性因素，通过自我控制能力和可持续能力对绩效目标、技术发展目标和关系目标加以管理，以实现平台领导企业倡导的平台总目标和创新生态系统参与主体子目标的共演、共创和共赢[12]。上述文章是最早探讨数字创业相关研究的尝试，为后续研究在理论建构、方法运用等方面奠定了扎实基础。

图 3　共被引文献图谱 timeline 视图

3.2.2　核心性文献分析

图 4 是共被引文献知识图谱视图，每一个节点代表一篇文献，节点半径越大，证明被引频次越高，以此确定数字创业研究的核心性文献。核心性文献按照被引频次高低排序所得到的排名前十位的具体信息如表 4 所示，依据研究内容的相关性可归结为三大主线——创业和商业模式运行机理、数字创业演化逻辑及数字创业影响机理。

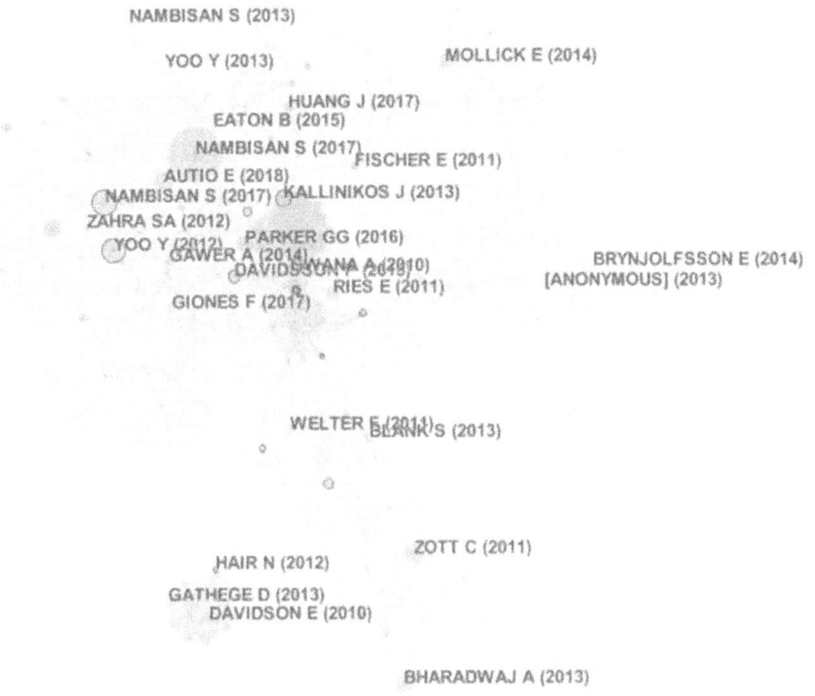

图 4　共被引文献知识图谱视图

表 4　核心文献引用频次统计表

序号	标题	作者	年份	引用频次	发表期刊或出版社
1	*Digital entrepreneurship：toward a digital technology perspective of entrepreneurship*	Nambisan	2017	42	*Entrepreneurship Theory and Practice*
2	*Digital innovation management：reinventing innovation management research in a digital world*	Nambisan 等	2017	20	*MIS Quarterly*
3	*Organizing for innovation in the digitized world*	Yoo 等	2012	18	*Organization Science*
4	*The business model：recent developments and future research*	Zott 等	2011	18	*Journal of Management*
5	*Digital affordances，spatial affordances，and the genesis of entrepreneurial ecosystems*	Autio 等	2018	17	*Strategic Entrepreneurship Journal*
6	*The new organizing logic of digital innovation：an agenda for information systems research*	Yoo 等	2010	15	*Information Systems Research*

续表

序号	标题	作者	年份	引用频次	发表期刊或出版社
7	*Platform ecosystems：how developers invert the firm*	Parker 等	2017	14	*MIS Quarterly*
8	*Digital business strategy：toward a next generation of insights*	Bharadwaj 等	2013	14	*MIS Quarterly*
9	*The dynamics of crowdfunding：an exploratory study*	Mollick	2014	13	*Journal of Business Venturing*
10	*The Lean Startup：How Today's Entrepreneurs Use Continuous Innovation to Create Radically Successful Business*	Ries	2011	12	*Crown Press*

1. 创业和商业模式运行机理

创业和商业模式运行机理的相关研究为后续数字创业的组织逻辑和运行机理提供了理论基础，是新技术和新时代背景下创业领域对未来发展趋势关注的集中体现。Zott 等研究认为，商业模式不仅是价值主张的实现，也是资本收益模型和关系性租金等多要素共同叠加的产物，其旨在解释信息技术在电子商务和现代组织中的应用机理、战略性问题（价值创造、竞争优势和组织绩效）以及创新与技术管理三个层面[13]。Ries 认为，精益创业是以互联网行业为背景、基于软件敏捷开发的一种新模式，通过持续的客户验证和反馈，追求产品和服务快速迭代，遵循"最简可行产品—客户反馈—快速迭代"的创业逻辑[14]。Mollick 认为，"互联网+"和信息技术背景下的在线众筹方式作为一种能够直接影响创新创业的可操作路径成为突破性创新的源头，通过在线众筹可以帮助投资者判断新创企业的质量，新创企业可以克服地理距离限制，为研究初创企业提供机会窗口，同时可以促使创业者构建创新创业网络[15]。

2. 数字创业演化逻辑

云计算、数字化、社交网络、3D 打印等新一代信息技术群落核聚变情境下，数字创业的运行机理是当前学术界关注的核心议题。Bharadwaj 等发表在 *MIS Quarterly* 的文章指出，数字化实现了产品、流程和服务之间的互联互通，越来越多的企业跨越产业边界进入新的行业领域，数字技术从根本上颠覆了企业战略、业务流程、竞争能力、产品和服务的提供方式，扩展了组织间的企业合作网络；企业实施数字战略应考虑数字战略范围、数字战略规模、数字战略速度以及数字战略中价值创造和价值捕捉的源泉四个层面，且随着数字化的不断渗透，企业趋向平台型组织[16]。Nambisan 等作为数字化领域的核心学者于 2017 年分别在 *Entrepreneurship Theory and Practice* 和 *MIS Quarterly* 发表引领性文章（被引用排名前 2 位），深层次地论述了数字技术的应用对于行业变革和组织行为的重塑，对创业过程和创业绩效具有深远影响[1, 17]。

3. 数字创业影响机理

数字技术如何影响组织创新过程和绩效、具有哪些特征以及如何重塑组织结构、惯例和流程等新话题成为数字创业影响机理主题的关键之匙。Yoo 等认为，数字技术对组织创新的影响主要凸显为数字技术极大地降低了远程协作和协调的通信成本、数字融合颠覆了创新过程、数字技术和软件平台的持续发展促使组织行为和活动模块化、集成化和可重复性配置，直接促进了数字平台、分布式创新和组合式创新的形成[18]。Parker 等认为，数字产品与实物产品相差甚远，运用顺序创新的代码溢出效应模型深入挖掘开放式数字平台和封闭式数字平台两种不同情境下，开发者数量、创新网络效应、数字平台竞争性以及创新风险高低是影响企业采取何种数字产品开发和创新的关键要素[19]。Autio 等认为，数字赋能、创业机会识别、商业模式创新、横向知识溢出等是数字技术背景下创业生态系统取得成功的关键，数字赋能可以克服时间和空间距离限制，促使业务流程和组织机制便捷化，继而促使创业生态系统和创新系统协同演进[20]。

3.2.3　突现性文献分析

　　突现性反映某一时间段内文献被引频次的变化以描述某一研究领域的动态发展本质。由图 5 可知，突现性排名第一的文献是 Nambisan 发表的 *Digital entrepreneurship：toward a digital technology perspective of entrepreneurship*，数字技术致使创新过程边界不断弱化、创新主体变动性增强以及创新过程和绩效间动态交互性增强，应重点关注数字技术应用所引致的数字创新管理理论体系的构建。Yoo 等发表的 *The new organizing logic of digital innovation：an agenda for information systems research* 突现性排名第二，数字创新和分层模块化体系直接影响组织的信息技术基础架构以及战略制定和实施，数字化过程中的组织逻辑、生成机理、维度结构、数字化平台管理等是亟待关注和建构的核心。Autio 等发表的 *Digital affordances，spatial affordances，and the genesis of entrepreneurial ecosystems* 突现性排名第三，接续 Nambisan 的研究提出数字赋能与创新之间的影响机理问题，数字创业生态系统关键因素和角色地位识别是帮助从业者、创业者、政策制定者有效认知、学习和实现价值增值的有效进路。

Top 5 References with the Strongest Citation Bursts

References	Year	Strength	Begin	End	1990 - 2020
NAMBISAN S, 2017, ENTREP THEORY PRACT, V41, P1029, DOI	2017	**5.8801**	2019	2020	
YOO YJ, 2010, INFORM SYST RES, V21, P724, DOI	2010	3.3998	2018	2018	
AUTIO E, 2018, STRATEG ENTREP J, V12, P72, DOI	2018	3.1099	2019	2020	
GIONES F, 2017, TECHNOL INNOV MANAG, V7, P44	2017	2.9224	2019	2020	
NAMBISAN S, 2017, MIS QUART, V41, P223, DOI	2017	2.7424	2019	2020	

图 5　突现性共被引文献

　　通过数字创业基石性文献、核心性文献以及突现性文献的梳理和分析，发现管理学、经济学、信息系统学、计算机等学科领域均展开了数字创业研究的探索，其理论基础表现出多学科的理论溯源特征，从早期的资源基础理论、动态能力理论、技术创新理论的引入，到大数据、分层架构理论、组合式创新、模块化、网络关系理论、生态系统理论等的运用，相关研究成果逐渐向纵深发展，数字创业研究成果的多学科协同发展逐步向多学科交叉共融演变。

3.3　数字创业研究热点和生成图景

3.3.1　数字创业研究热点

陈超美指出，研究热点是某一时间段存在内在联系且数量相对较多的一组文献研究的科学问题或主题。文献中涵盖的关键词是研究主题的高度凝练，通过分析关键词频次的高低确定某一研究领域的热点问题。图 6 中的十字图形越大表明对应的主题词出现的频次越高，属于该时间段内的研究热点主题。结合图 6 和表 5 可知，关键词出现频次最高的是 entrepreneurship（154次），是数字创业领域国外研究的核心和重点。高频关键词还包括 innovation（88 次）、technology（48 次）、performance（36 次）、digital Entrepreneurship（30 次）、firm（26 次）、perspective（26次）、strategy（25 次）、impact（23 次）、knowledge（21 次）、management（21 次）、network（17次）、information technology（15 次）、digitalization（14 次）、platform（14 次）、business model（14 次）等。随着"互联网+"的提出，平台逐渐成为数字时代创新创业的关键要素。考察关键词间的关联度不难发现，创新能力、技术能力会影响企业绩效，数字化创新战略、数字化管理、知识管理、信息技术赋能的实现是企业将数字技术与业务流程、运营管理等充分融合的动态演变过程，同时也是数字创业行为和结果导向的重要表征和体现；网络能力、网络分析是中小企业打破组织边界限制进行数字创业生态系统构建所必须掌握的动态能力。故而，数字创业研究热点之间并不是处于封闭、孤立、分散的窘境，而是形成开放、交叉、融合的联结状态。通过关键词聚类分析得出四大聚类，表 5 为四大聚类涵盖的核心关键词和频次详细信息。

图 6　关键词共现知识图谱

表5　数字创业研究热点主题

聚类1		聚类2		聚类3		聚类4	
关键词	频次	关键词	频次	关键词	频次	关键词	频次
entrepreneurship	154	information technology	15	innovation	88	strategy	25
technology	48	sme	12	digital entrepreneurship	30	impact	23
performance	36	digital platform	11	firm	26	knowledge	21
management	21	business	11	perspective	26	digitalization	14
network	17	model	10	organization	9	business model	14
platform	14	system	9	creation	9	social media	13
information	13	internet	7	evolution	7	education	12
growth	7	corporate entrepreneurship	6	digital transformation	6	gender	8
crowdfunding	5	firm performance	4	competition	5	future	7
industry	4	crowdsourcing	2	capability	4	adoption	6

　　373篇文献中，引用次数达到4次以上的属于引用率排名前15%的文章，共计61篇文献满足标准，对其进行引文共被引耦合分析，以验证数字创业领域研究的理论结构，61篇文献中有51篇产生关联，形成205次联结，表6对四个聚类的主要发文期刊、代表学者、关键词、耦合度最高的文献进行简要介绍，后续结合关键词和引文耦合分析结果重点阐释数字创业的生成图景。

表6　引文耦合分析结果

聚类	数量	主要发文期刊	代表学者	关键词	耦合度最高的文献
聚类1	17	*MIS Quarterly*；*Entrepreneurship Theory and Practice*	Nambisan 等	新创企业 数字创新管理 硬件产业 数字业务融合 数字技术	*Digital innovation management：reinventing innovation management research in a digital world*
聚类2	13	*MIS Quarterly*；*Journal of International Business Studies*	Nambisan 等	全球平台 数字平台 多边平台 组织基础设施 网络能力 应用程序开发 创业生态系统	*Global platforms and ecosystems：implications for international business theories*
聚类3	12	*Business Process Management Journal*；*Technological Forecasting and Social Change*	Balocco 等	精益商业模式 持续过程 战略重塑 动态能力 商业模式创新 信息与通信技术企业转型	*Lean business models change process in digital entrepreneurship* *Digital startups and the adoption and implementation of lean startup approaches：effectuation，bricolage and opportunity creation in practice*

续表

聚类	数量	主要发文期刊	代表学者	关键词	耦合度最高的文献
聚类 4	9	*Research Policy*；*Technological Forecasting and Social Change*	Nambisan 等	数字化用户创新者 创业投资基金 天使投资 数字创业培育 创业意向 精益创业方法	*The digital transformation of innovation and entrepreneurship：progress，challenges and key themes*

3.3.2 数字创业研究生成图景

根据关键词共现分析和引文耦合分析的结果进行比较和凝练，不难发现其分析结果高度重叠和吻合，通过分析四大聚类的原始文献以及引文耦合和关键节点信息，对文献进行归类与整合，把数字创业研究分为技术产业视角、生态系统视角、商业模式创新视角和组织行为视角四大理论演化脉络，并通过梳理不同视角下的文献及对应的关键词来解构生成图景。

1. 技术产业视角

数字创业的第一类生成图景归结为技术产业视角（图 7）。此视角下的数字创业研究源于在移动互联网、大数据、云计算、数字化、智能化等新一代信息技术与传统产业的有效融合的发展背景下，大批量的以数字技术为核心的新创企业诞生，并迅速发展和成长，企业数字化进程加速，数字技术驱动的产业结构转型以及行业变革吸引了诸多学者破解数字融合、数字技术、数字管理、数字搜索、数字平台等典型现象的结构"黑箱"。技术产业视角的数字创业研究较早得到学者们的关注，高被引文献最多，耦合强度最大，数字技术的实践应用、与其他产业的有效融合以及数字技术应用所衍生的数字化管理等问题成为数字创业研究的热点，数字技术促使产品和服务与特定设备紧密结合，通过网络打破组织边界限制促使企业实践通过数字技术形成新业务和新模式，提供全套产品和服务以满足消费者持续变化的新生需求。

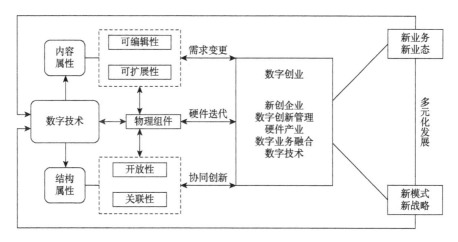

图 7　技术产业视角下数字创业研究的生成图景

根据表 6 聚类 1 的高频关键词（创业、技术、网络、平台、产业等）可知，信息技术是技术产业视角下数字创业关注的焦点。Yoo 等研究认为数字技术是借助一定的设备将网络、服务和产品等各种信息转化为计算机可识别的二进制数字的技术[7]。数字技术具有编辑性、可扩展性、开放性、关联性的差异性特征，其为耦合和重组不同技术层中的各种组件提供现实条件。Nambisan 和 Baron 从数字技术视角切入数字创业研究[12]，数字技术的广泛应用彻底改变了原有的企业和行业的行为规范与行动准则，原有创新管理的理论假设和范式难以解释数字化新实践，数字创新管理的理论逻辑包括动态的问题解决方案设计匹配、社会性认知释意、数字赋能以及数字技术编排能力。此外，数字化引致创业过程（时空边界）和绩效（结构边界）无边界化以及趋于超动态，数字元件和数字平台助推创业机会的发现和识别，社会性物质组件、创业实验和创业变异性、数字技术物理组件、随机创业者对创业行为和活动都会产生直接影响。

2. 生态系统视角

数字创业的第二类生成图景归结为生态系统视角（图 8）。新兴技术范式正在利用协同和群体智慧为创业计划和创业项目的发展提供全新途径，苹果、谷歌等科技巨头以及字节跳动、小米等新生互联网企业通过搭建平台生态系统嫁接产品、服务和业务提供商、终端用户等多元主体在电商、社交媒体等多维模式中展开互动交流，通过数字技术和互联网来执行新企业的大部分业务流程。数字创业生态系统的概念基于创业、数字创业、数字生态系统和创业生态系统发展而来。Sussan 和 Acs 将数字创业生态系统归结为数字基础架构治理、数字用户公民身份、数字创业能力和数字市场四个层面[21]。Du 等认为，数字创业生态系统是寻求数字化技术带来的新机遇和帮助创新型初创企业持续发展及实现价值增值的创新资源要素组合[22]。数字创业生态系统在数字平台的基础上，依托数字创业种群打破资源能力等组织间限制，实现共生、共创和共演。此视角推动数字创业在平台经济、生态系统等领域纵深发展，使其受到来自政界、业界和学界的广泛关注，为当前数字经济范式下的创新创业难题和奇迹提供系统性的理论阐释。

聚类 2 的高频关键词包括信息技术、中小企业、数字平台、模式、系统、互联网等，此视角更翔实地解构了微观形态的数字创业以及基于平台生态系统的数字创业运行机理。数字平台是异常重要的概念，也是该视角下数字创业生态系统成功运行的内在机制。嵌入到全球平台、数字平台、多边平台等数字创业生态系统的参与者利用平台生态优势和互补能力通过双边或多边网络关系互动形成相互依赖关系，不断重构资源组合、重塑市场竞争逻辑，数字化和智能化双重嵌入背景下传统战略管理分析框架已然难以解释数字化时代的商业模式，驱动生态系统理论视角与数字经济的渗透融合，弥补了数字创业中观层面研究的滞后，将数字创业研究从单一的企业产品特征层面提升到系统化的外部环境层面。Nambisan 等认为，数字平台生态系统可以为企业创造多重创新场所和多边市场机会，具体表现为国际市场新的进入方式、知识重组和关系联结的新路径以及顾客价值创造和传递的新模式，其价值创新源于能够

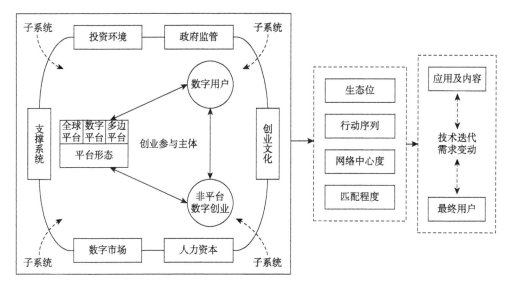

图 8　生态系统视角下数字创业研究的生成图景

改变组织内外架构及其相互关系的异质性逻辑和规则，运作机理在于平台开放性、模块化和网络效应等原生属性，发展瓶颈包括嵌入创业生态系统中的数字技术、专业化业务流程或层次结构、结构洞成员、子系统或监管机构等[23]。

3. 商业模式创新视角

数字创业的第三类生成图景归结为商业模式创新视角（图9）。此视角始于在互联网、社交媒体等新经济环境背景下，海尔的开放创新平台——HOPE（Haier open partnership ecosystem）、海底捞的服务为王、哔哩哔哩的 O2O（online to offline，线上到线下）、韩都衣舍的 S2B（supply chain platform to business，服务于中小企业的供应链平台）等层出叠现，通过探索新的方式和方法来创造和获取价值并建构价值捕捉的新逻辑。数字创业背景下的商业模式创新源于破坏性技术驱动的新的商业模式的形成和演化，以捕捉创造性资源组合传递的市场需求可能性机会、满足模糊市场需求或提高配置未利用资源的能力。商业模式创新视角下的数字创业的基础架构式创造、传递和获取价值，本质是企业如何通过数字技术应用获取价值的理论逻辑。

聚类 3 的高频关键词包括创新、数字创业、创造、演化、能力等，主要聚焦数字创业的商业模式创新过程和战略重塑与转型。Balocco 等运用文献回顾和案例研究方法提出数字新创企业中商业模式变更流程的集成框架，即模式运作识别、变革优先级细分、模式转变与测试和模式精简与实施[24]。Ghezzi 运用定性和定量相结合的方法解构数字创业的精益创业模式。精益创业模式是一套科学、系统、可操作的支持创业机会识别与创造的决策工具，通过"机会空间"桥接创业行为、认知逻辑、决策环境以及决策过程，其理论根源包括精益化、敏捷性、新产品开发、实物期权、组织学习、商业模式创新、执行力、资源拼凑、机会创造[25]。

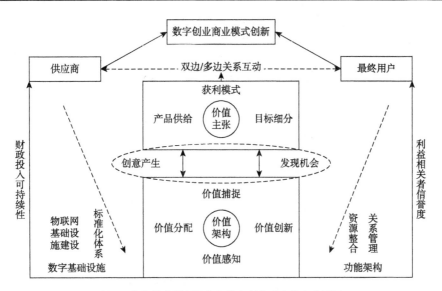

图 9　商业模式创新视角下数字创业研究的生成图景

Yu 等将数字化时代的商业模式设计划分为效率导向和创新导向两类，效率导向商业模式设计倾向于通过降低交易成本来提高交易效率，创新导向商业模式设计聚焦于经济交易的新方法，同时考察了新创企业外部关系、资源整合能力与商业模式设计之间的影响关系。结果表明，外部关系可以帮助新创企业嵌入价值性网络以获取各种商业模式设计的异质性资源和资源整合能力，增强新创企业获取外部资源的利用效率和效果[26]。

4. 组织行为视角

数字创业的第四类生成图景归结为组织行为视角（图 10）。过去 10 年诞生的数字技术、数字平台、数字基础架构以难以预见的方式改变了创业模态和组织行为，业界等诸多领域采用"数字化转型"来描述数字技术对组织行为的重大影响，即企业如何从根本上转型以在新兴数字世界中取得成功。数字技术的应用让创新创业表现出更宽泛的开放性、供给性和生成性等典型特征，具体来说，开放性是指谁可以参与（参与者）、投入多少、如何做出贡献以及达到的目的；供给性是指数字技术应用可以为特定用户供应所需的某种资源和能力（数字供给、空间供给、组织供给和社会供给）；生成性是指数字技术应用赋予创业过程中的实体或参与者通过融合和重组完成变更。此视角拓展了数字创业在组织行为领域的研究视野，为数字创新组织行为悖论提供理论支撑。

聚类 4 的高频关键词包括战略、影响、知识、数字化、商业模式、社交媒体等，总体聚焦于组织行为视角下的数字创业理论建构。Nambisan 等指出，数字化转型的研究需要纳入多学科和多领域的理论体系，展开跨层次分析，并肯定数字技术在变革组织和社会关系中的作用[27]。Rippa 和 Secundo 基于定性文献综述提出数字学术创业的解释框架，即采用数字技术进行学术创业的理由（为什么）、新兴的数字学术创业（什么）、利益相关者通过数字技术来实现学术创业目标（谁）以及数字技术支持的学术创业过程（如何）[28]。Zaheer 等采用多案

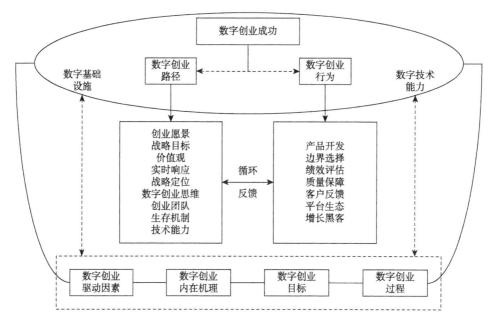

图 10　组织行为视角下数字创业研究的生成图景

例研究探索数字初创企业获取成功的关键要素，构建"TrAction"框架，即创业路径和创业行为。具体来说，创业路径包括创业愿景、战略目标、价值观、实时响应、战略定位、数字创业思维、创业团队、生存机制、技术能力；创业行为包括产品开发、边界选择、绩效评估、质量保障、客户反馈、平台生态、增长黑客。组织行为视角的数字创业研究强调企业如何将数字技术更好地运用到更抽象的组织架构中，而不是简单地运用云架构、SaaS（software as a service，软件即服务）等普适性资源替代差异化的产品或服务作为新创企业的核心[29]。

4　结论

运用 CiteSpace 可视化软件对 1990～2020 年三十年间 Web of Science 核心数据库的 373 篇数字创业核心文献进行科学计量分析，厘清了数字创业领域的理论来源、发展脉络和主题架构，同时绘制出不同理论视角下的数字创业生成图景。其一，通过描述性统计分析详细展示了数字创业研究的发文量、国家、组织、主要期刊和核心作者；其二，通过基石性文献、核心性文献和突现性文献分析系统梳理数字创业研究的理论溯源和动态演进趋势；其三，把数字创业相关研究梳理出技术产业视角、生态系统视角、商业模式创新视角和组织行为视角，并构建四大理论视角下数字创业的生成图景。现有研究成果的可视化结果基本符合历史与现实演进的实践状态和技术发展轨迹，虽然过往研究已取得一定的研究成果，但有些议题仍需更进一步地深入探讨，具体如下。

第一，数字创业相关研究主题的多学科交叉融合研究。数字创业的主题间呈现交叉研究的趋势，特别是数字技术与新能源、新材料、生物医药、航空航天、深海科技等重要领域和前沿方向的变革型突破和交义融合，以解决"数字创业如何才能更有效地创造价值"的问题。后续研究应该致力于运用多学科的理论优势分析具有差异性行业特征、政策环境、生态系统的数字创业涉及的理论基础、内在逻辑以及影响效应等核心议题。

第二，数字创业相关研究的实证研究拓展与创新。诸多学者使用理论演绎、扎根理论和案例研究对数字创业的组织逻辑、运行机理、影响因素等问题展开研究，深度剖析数字创业与传统创业模式的异同及其内在机制和机理。但数字创业所产生的辐射效应和带动效应非简单理论模型所能完全反映，未来研究可以将基于面板数据、横截面数据的计量仿真模型、数理统计分析等前沿实证研究方法应用于数字创业相关研究中，对相关内容进行拓展和创新。

第三，开展"双向挤压"背景下的数字创业研究。新一代信息技术与传统产业的深度融合将促进组织生产方式、产业形态、制造模式和技术体系等的持续破坏性变革，泛在连接和普适计算将无所不在，基于信息物理系统的数字运营和智慧运营将成为未来商业经营的主要方式，产业价值链体系将被重塑，在全球贸易规则重构、逆全球化趋势凸显以及资源环境和要素成本约束的重大动荡性经济环境下，中国作为典型的数字经济代表以及数字创业的最佳实验场，中国企业如何充分利用技术变革红利，根据资源、能力、关系、技术、市场等独特属性因地、因时、因势制宜地实施最优数字化竞争战略成为未来数字创业研究重点关注话题。

参考文献

[1] Nambisan S. Digital entrepreneurship: toward a digital technology perspective of entrepreneurship[J]. Entrepreneurship Theory and Practice, 2017, 41 (6): 1029-1055.

[2] 余江, 孟庆时, 张越, 等. 数字创业: 数字化时代创业理论和实践的新趋势[J]. 科学学研究, 2018, 36(10): 1801-1808.

[3] 蔡莉, 杨亚倩, 卢珊, 等. 数字技术对创业活动影响研究回顾与展望[J]. 科学学研究, 2019, 37 (10): 1816-1824, 1835.

[4] Boudreau K. Open platform strategies and innovation: granting access vs. devolving control[J]. Management Science, 2010, 56 (10): 1849-1872.

[5] Yoo Y J. Computing in everyday life: a call for research on experiential computing[J]. MIS Quarterly, 2010, 34 (2): 213-231.

[6] Grégoire D A, Barr P S, Shepherd D A. Cognitive processes of opportunity recognition: the role of structural alignment[J]. Organization Science, 2010, 21 (2): 413-431.

[7] Yoo Y J, Henfridsson O, Lyytinen K. The new organizing logic of digital innovation: an agenda for information systems research[J]. Information Systems Research, 2010, 21 (4): 724-735.

[8] Hansen D J, Shrader R, Monllor J. Defragmenting definitions of entrepreneurial opportunity[J]. Journal of Small Business Management, 2011, 49（2）: 283-304.

[9] Fischer E, Reuber A R. Social interaction via new social media:（how） can interactions on Twitter affect effectual thinking and behavior?[J]. Journal of Business Venturing, 2011, 26（1）: 1-18.

[10] Pan S L, Tan B. Demystifying case research: a structured-pragmatic-situational（SPS）approach to conducting case studies[J]. Information and Organization, 2011, 21（3）: 161-176.

[11] Davidson E, Vaast E. Digital entrepreneurship and its sociomaterial enactment[R]. Hawaii: the 43rd Hawaii International Conference on IEEE Computer Society, 2010.

[12] Nambisan S, Baron R A. Entrepreneurship in innovation ecosystems: entrepreneurs' self-regulatory processes and their implications for new venture success[J]. Entrepreneurship: Theory and Practice, 2013, 37（5）: 1071-1097.

[13] Zott C, Amit R, Massa L. The business model: recent developments and future research[J]. Journal of Management, 2011, 37（4）: 1019-1042.

[14] Ries E. The Lean Startup: How Today's Entrepreneurs Use Continuous Innovation to Create Radically Successful Business[M]. New York: Crown Press, 2011.

[15] Mollick E. The dynamics of crowdfunding: an exploratory study[J]. Journal of Business Venturing, 2014, 29（1）: 1-16.

[16] Bharadwaj A, Sawy O A, Pavlou P A, et al. Digital business strategy: toward a next generation of insights[J]. MIS Quarterly, 2013, 37（2）: 471-482.

[17] Nambisan S, Lyytinen K, Majchrzak A, et al. Digital innovation management: reinventing innovation management research in a digital world[J]. MIS Quarterly, 2017, 41（1）: 223-238.

[18] Yoo Y J, Richard J B, Kalle L, et al. Organizing for innovation in the digitized world[J]. Organization Science, 2012, 20（1）: 278-279.

[19] Parker G, van Alstyne M, Jiang X Y. Platform ecosystems: how developers invert the firm[J]. MIS Quarterly, 2017, 41（1）: 255-266.

[20] Autio E, Nambisan S, Thomas L D W, et al. Digital affordances, spatial affordances, and the genesis of entrepreneurial ecosystems[J]. Strategic Entrepreneurship Journal, 2018, 12（1）: 72-95.

[21] Sussan F, Acs Z J. The digital entrepreneurial ecosystem[J]. Small Business Economics, 2017, 49（1）: 55-73.

[22] Du W Y, Pan S L, Zhou N, et al. From a marketplace of electronics to a digital entrepreneurial ecosystem（DEE）: the emergence of a meta-organization in Zhongguancun, China[J]. Information Systems Journal, 2018, 28（6）: 1158-1175.

[23] Nambisan S, Zahra S A, Luo Y D. Global platforms and ecosystems: implications for international business theories[J]. Journal of International Business Studies, 2019, 50（9）: 1464-1486.

[24] Balocco R, Cavallo A, Ghezzi A, et al. Lean business models change process in digital entrepreneurship[J]. Business Process Management Journal, 2019, 25（7）: 1520-1542.

[25] Ghezzi A. Digital startups and the adoption and implementation of lean startup approaches: effectuation, bricolage and opportunity creation in practice[J]. Technological Forecasting and Social Change, 2019, 146: 945-960.

[26] Yu C P, Zhang Z G, Liu Y. Understanding new ventures' business model design in the digital era: an empirical study in China[J]. Computers in Human Behavior, 2019, 95 (6): 238-251.

[27] Nambisan S, Wright M, Feldman M. The digital transformation of innovation and entrepreneurship: progress, challenges and key themes[J]. Research Policy, 2019, 48 (8): 1-9.

[28] Rippa P, Secundo G. Digital academic entrepreneurship: the potential of digital technologies on academic entrepreneurship[J]. Technological Forecasting and Social Change, 2019, 146 (9): 900-911.

[29] Zaheer H, Breyer Y, Dumay J, et al. Straight from the horse's mouth: founders' perspectives on achieving 'traction' in digital start-ups[J]. Computers in Human Behavior, 2019, 95 (6): 262-274.

Digital Entrepreneurship: Theoretical Traceability, Development Context and Generated Framework

Jiang Qian[1], Wang Dan[1], Wu Bingye[2]

(1.School of Management, University of SanYa, Sanya Hainan 572000, China; 2.Teaching affairs Department, University of SanYa, Sanya Hainan 572000, China)

Abstract: Using CiteSpace 5.5.R2 to conduct scientometric analysis of 373 documents in the Web of Science core database, this paper systematically illustrates the knowledge map on digital entrepreneurship research, and constructs the theoretical basis, evolution trend and research hotspots through the analysis of cornerstones, core and burst literatures.And it identifies four perspectives to develop a theoretical structure, including technology industry perspective, ecosystem perspective, business model innovation perspective and organizational behavior perspective.Finally, it proposes the development direction of future research.

Keywords: digital entrepreneurship; theoretical traceability; development context; generated framework

创业趋势分析——基于全球创业观察项目的调查数据

杨洋

（吉林大学 行政学院，长春 130012）

摘要： 本文通过梳理 2001～2019 年《全球创业观察报告》的数据，分析得出目前全球和中国的创业趋势。从全球来看，全球创业精神力量增强，零工创业模式兴起，创业活动科技性与创新性不断提升。从我国来看，我国创业者呈年轻化、性别差异弱化、社会创业模式持续升温、创业生态环境不断优化等。为了更好地发展创业经济，未来我国应在培养创业人才、改善创业生态环境两方面持续发力，以推动创业活动高质量进行。

关键词： 创业；全球创业观察；创业趋势

中图分类号：F279   文献标识码：A

新型冠状病毒肺炎疫情的暴发使得本就严峻的国际关系、气候环境、人口增长等问题进一步加剧，世界格局正经历着前所未有的重构过程。创业是改善民生与发展经济的重要引擎，不仅能够解决就业等社会问题，也会推动经济结构的转型与升级，发展创业经济是新一轮全球经济格局重塑的必然战略选择。

创业是涉及多学科领域的复杂现象，涵盖技术创新、新产品开发、环境变革、行业发展等多种问题。熊彼特认为创业是一种构建新组织、开展新业务的活动，核心要义是对生产要素进行新的组合[1]。被誉为"创业教育之父"的美国百森商学院教授 Jeffry A. Timmons 认为创业过程将极大地激发人类的创造力，促进人类的发展，因为这个过程不仅受到时机的限制，还需要创业者谋划出严谨细致的实施方案并运用平衡技巧和领导技术落实创新行为。近年来，大数据、云计算等新兴技术高速发展的过程中孕育了大量创业机会，精准地预测创业趋势并推出与之相适应的发展战略是把握本次创业浪潮并从中谋求发展的必要基础。

全球创业观察（Global Entrepreneurship Monitor，GEM）是一项由美国百森商学院和英

作者简介：杨洋（1998—），女，辽宁盘锦人，吉林大学行政学院硕士研究生，研究方向：创业、创新与战略管理。

国伦敦商学院共同发起的致力于研究全球创业活动态势的跨国研究项目，以挖掘国家创业活动的驱动要素、探索创业与经济发展间的关系和评估创业政策为自身使命[2]。该研究将创业认定为个人、团队或成熟的企业所尝试的任何开展新业务、创建新企业的行为。自 1999 年首次研究至 2020 年，GEM 已在全球 100 多个经济体中获取超过 300 万份调查数据[3]，提供了全球创业研究领域中最权威的数据等研究素材，为理解全球创业现象做出巨大贡献。其研究报告吸引了各国政府和相关机构的广泛关注并创造了重大的经济社会价值。本文试图通过梳理 GEM 撰写的《全球创业观察报告》对创业趋势进行归纳，并针对发展趋势以及国内的实际情况提出对策建议，从而促进我国创业活动持续健康地发展。

1　国际发展趋势分析

纵观全球经济发展史，至今为止全球已经经历过资本主义革命时期、第二次世界大战后的经济复苏期、新经济革命时期的三次创新创业浪潮。前三波创新创业浪潮不仅催生出新的生活方式，而且推动经济结构与社会结构的转型与升级。当下时值数字经济与知识经济的双重背景，第四次创新创业浪潮袭来，本次创新创业浪潮表现出全球创业精神力量增强，零工创业模式兴起，创业活动科技性增强、创新创业融合等趋势。

1.1　全球创业精神力量增强

创业精神是推动创业活动开展，保持企业长期竞争力的核心要素。过去 20 多年间，GEM 基于一套相同的分析框架对创业活动展开研究，方法上的连续性为进行时间维度上的纵向分析提供了可能。通过整理 2001～2019 年 GEM 对不同经济体进行的追踪调查可以发现，无论是从早期创业活动总量（total early-stage entrepreneurial activity，TEA）还是成熟企业所有者（established business ownership，EBO）角度，大多数被调查经济体的创业者数量占成年人总数的比值呈上升趋势，创业活动数量有所提高。以 GEM 项目长期追踪的巴西、荷兰、西班牙、英国、美国等五个国家为例，这五国自 GEM 项目 2001 年构建起基于早期创业活动总量与成熟企业所有者两个分析起点后，连年配合相关研究的开展。追溯 2001～2019 年的研究成果可以发现，这五个国家的创业活跃度大多呈曲线增长趋势，其中巴西的新创企业率从 2001 年的 14% 上升至 2019 年的 23%，美国从 2001 年的 11% 上涨至 2019 年的 17%，英国从 2001 年的 6% 上涨至 2019 年的 9%，荷兰从 2001 年的 6% 上涨至 2019 年的 10%（图 1）。

此外，尽管新创公司通常由于规模小、多元化程度弱等更容易受到经济周期变动的冲击，但实际上有关创业精神与经济发展之间的关系仍存在争议，尚未达成共识，部分新创公司在经济下行时期积极利用危机中的新机遇开展创新创业活动。而且，研究表明创业活动在复苏经济中发挥关键作用[4]。

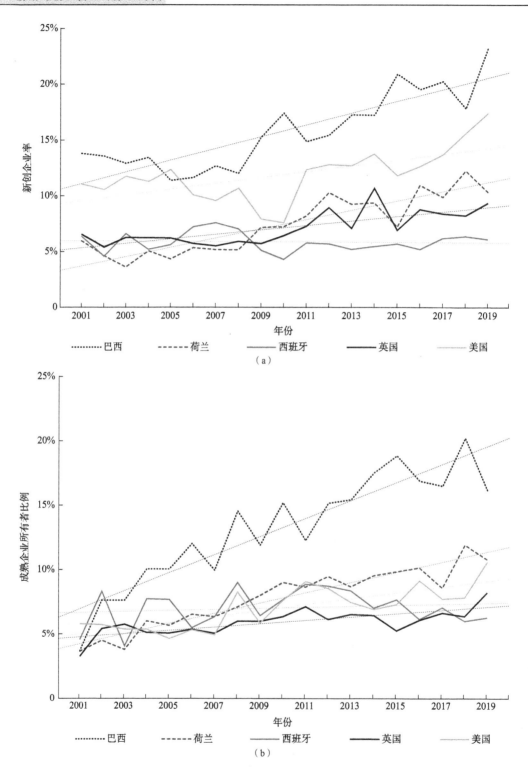

图 1　2001～2019 年五国创业活动变化情况

资料来源:《全球创业观察 2019/2020 全球报告》

同时，研究表明近年来成年社会成员拥有更强大的创业自信，《全球创业观察 2019/2020 全球报告》显示，在被调查的 50 个经济体中，38 个经济体中有超过半数的成年人认为自己具备创业的相关技能与经验，42 个经济体中只有不到一半的人会由于害怕创业失败而拒绝创业。创业者自信程度的增强将驱动更多高质量创业活动的开展。

最后，随着经济发展以及观念变化，创业者的创业动机也发生了一定转变。在《全球创业观察 2019/2020 全球报告》中，GEM 修订了一直以来以机会和必要性划分创业动机的方式，将创业动机细分为在世界上有所作为、积累更多财富、延续家族传统、迫于就业难四个方面。测量指标的变化也侧面体现了如今更多创业者进行创业是在选择中取舍后的结果，是基于机遇与自身诉求而进行的创业，并非迫于生存的必要性创业活动。

1.2　零工创业模式兴起

随着互联网及数字技术的高速发展，零工经济（gig economy）作为一种新的经济形态越发深入地影响着人们的职业规划与生活方式。阿里研究院预测，至 2036 年中国参与零工经济的人数将达 4 亿。全球范围内的"打零工"行为都呈现出同样的增长趋势，在欧盟，自由职业者是当前增长人数最多的劳动类型。零工经济形态下，劳动者由从前的"被雇佣"状态转变为"自我雇佣"状态，对于工作过程和结果拥有全方位的自主权和控制权。同时，由技术赋能的零工经济，克服了传统用工模式中严格的时空约束，传统的全职工作呈现兼职化趋势，从业者可以在就业机会之间进行多项选择与组合，如一些人选择利用工作空余时间在亚马逊、淘宝等电商平台上经营商铺、售卖商品，在 Uber、滴滴平台上提供网约车等出行服务等。很多从业者也充分利用零工经济带来的弹性工作制，进行零工创业。GEM 调查研究显示，零工工作者是一个潜在的生命力极强的创业群体，他们中的很多人已经创业或打算在未来三年内创业，并且其中很多人只将零工工作作为创业前的过渡性工作。正如图 2 所展示的，在零工经济中表现活跃的个体具备更强的创业意愿。

一方面，零工经济相对宽松的工作性质为劳动者提供了创业的机会，另一方面，零工经济的社会形态也激发从业者进行创新创业的意愿，所以在零工经济中表现活跃的个体通常具有更大的创业可能性。同时，知识经济背景下的"打零工"群体从传统的低端劳动力扩大至中产阶级和白领阶层，作用范围从最初的技术密集型企业扩散到如今很多高科技型创业公司[5]。知识型零工经济为更多高水平、高层次人员创造自主创业的机会，这将充分调动其潜在的生产力与创新力，从而创造出更多的社会价值。

零工经济不仅丰富了就业可能性，为劳动力提供了在既有工作岗位中进行多项选择的机会；也为劳动者贯彻创新创业理念，开展零工式创业，提供充足的施展空间。

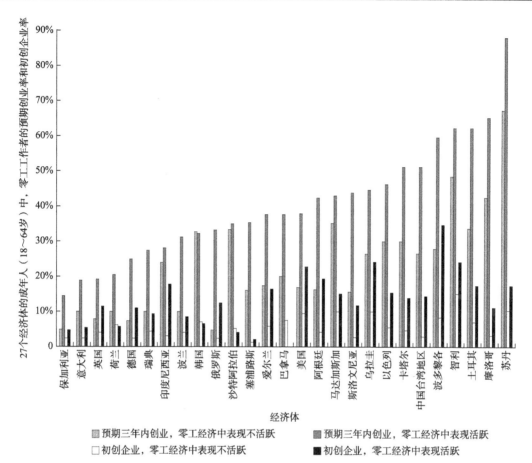

图 2 不同经济体中零工经济对成年人创业的影响

资料来源：《全球创业观察 2018/2019 全球报告》

1.3 科技性增强，创新创业融合成为趋势

创新和创业并不等同，却有着不可分割的内在联系，二者相互渗透与融合[6]。德鲁克认为，创新是创业能力的一个特殊功能，也是创业者提升财务能力、创造新财富的方法[7]。内生于动态经济系统的创新驱动创业行动，同时创新性的强弱也直接决定创业活动的质量。GEM 将创新性定义为创业者向客户推出竞争企业不具备的新产品或服务。创新型创业者是指那些在相对较小的竞争环境下向所有或部分客户提供新产品或服务的人。GEM 的调查报告显示，各发展阶段经济体创业行为的创新性均在不同程度上得到了提升，其中在创新性较强国家如安哥拉，其创新型创业者占成年人的比例接近一半。同时，经济体的发达程度与其创新和创业的融合度呈正相关关系，相较于要素和效率驱动的经济体，创新驱动的经济体往往在创新方面表现更突出。此外，《全球创业观察 2019/2020 全球报告》中对创业活动创新性的调查显示，欧洲和北美地区在科技和程序上的创新程度要高于产品和服务方面。

创新与创业的融合度决定着创业的产业分布，发达经济体通常在二者的融合上有更好的表现。但在数字经济高速发展的大背景下，各层次经济体中的信息通信技术产业均是创业行为发生的重点场域。随着大数据、云计算等新兴技术在经济运行中发挥着越来越重要的作用，创业凭借其向市场中引入新产品和新服务的特性，助力传统商业模式、管理流程及管理技术的升级换代。技术变革是推动创业活动的最重要因素，科技创新领域作为未来创业者的沃土，将培育出更多在创业大潮中脱颖而出的高质量创业活动。

2 国内发展趋势分析

创业是发展社会经济、改善民生的重要手段。当前，中国新一轮的创业创新浪潮正在引领新常态，创业在解决社会问题、提振经济发展方面发挥越来越重要的作用。同时随着社会的发展变革，我国创业活动也表现出不同的特点与趋势，具体而言，包括创业者年轻化、性别间差异减小，为解决社会问题而开展的社会创业持续升温，创业环境持续优化等。

2.1 创业者年轻化、创业者性别间差异减小

随着"建设创新型国家""以创业带动就业"等重大战略的实施，中国制定并出台了大量鼓励青年人创业的公共政策。相较于拥有更多资源、更完善网络的中年人来说，青年人往往具备更大的创业潜能。尽管青年人在资本、知识以及经验等资源方面相对匮乏，但由于其拥有更少的生活负担，更多的开发新产品、拓展新业务的活力和热情，以及旺盛的创新与冒险精神，他们乐于捕捉前沿信息，提前了解新的发展趋势，从而评估、抓住新商机，并积极开展创业活动。《全球创业观察 2017/2018 中国报告》中的信息显示，18～34 岁青年阶段的创业者约占全体创业者人数的一半，是中国创业活动中最活跃的年龄段，其中超过30%的创业者为25～34 岁的青年。

随着高等教育由精英教育转为大众教育，高校毕业生人数已从 2010 年的 631 万攀升至 2020 年的 874 万，在严峻的就业压力下，发挥创业带动就业的倍增效应是现阶段的必然选择。同时，在知识经济的大背景下，知识与技术逐渐成为新一代生产要素，接受过高等教育的大学生无论是从主观意愿还是客观条件层面都具有明显的优越性。GEM 的统计信息显示，近年来，唯有 18～24 岁年龄段的创业者占全体创业人员比重呈增长趋势，逐渐超过 35～44 岁年龄阶段成为第二大创业年龄群体，这反映了创业者年轻化以及大学生逐渐成为建设创新型国家进程中主力军的大趋势（图 3）。

此外，与社会高速发展同时发生的是女性在创业活动中日益活跃的表现。传统认知中，男性具有比女性更大的创业可能性。但目前在许多国家，加大女性创业者参与度已经成为一项重要的政策目标。相较于欧洲、北美、非洲等地区，亚洲地区的创业行为在性别平等方面具有更突出的表现。近年来，两性中创业者占全体人数的差距不断减小（图 4）。但男女创业者在创业行为的主动性以及创业动机上仍存在一定的差异，除了因就业难的客观现实而选择

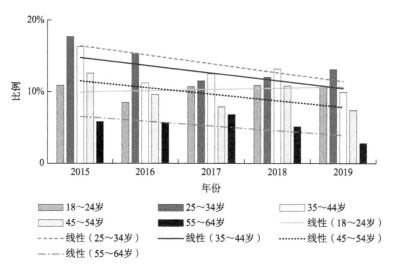

图 3 2015～2019 年中国创业者年龄分布
资料来源：作者绘制

创业的情况外，男性创业者偏向于获取更多的财富以及更高的社会地位，女性则更多的是继续创业这项家族传统，这反映出在捕获商业机会、开展创业活动方面女性比男性稍显被动。另外值得注意的是，创业动机方面女性创业者往往比男性创业者具有更高的在世界上有所作为的意愿，这也在一定程度上预测了女性创业者所从事的创业活动将与社会生活的改善具有更密切的关联性。

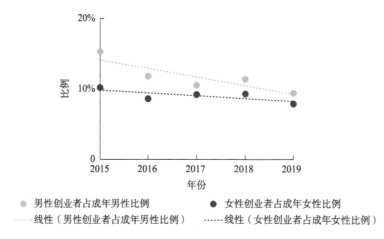

图 4 2015～2019 年中国创业者性别间比较
资料来源：作者绘制

2.2 社会创业模式持续升温

创业是驱动社会发展的主要力量源，被世界范围内众多国家的政府、智囊团视为解决社会不平等和贫困、生态环境恶化、教育医疗制度不健全等问题，实现可持续发展目标（sustainable development goals，SDG）的关键方法。社会创业（social entrepreneurship）作为一种以社会使命为导向，运用商业化手段，以创新的方式整合内外部资源从而解决社会问题、获得社会价值和经济价值等多重价值的创业模式正悄然兴起[8]，以社会创业创造社会经济的路径逐渐得到各界的认同与关注。有学者认为，社会创业是一种调和经济发展和社会进步之间矛盾的有效方法，能够对市场经济进行有效补充[9]。在社会创业活动全球化的浪潮下，中国创业者的"社会企业家精神"得到了进一步推广，企业的社会责任感与公益意识得到提升，越来越多的创业者投身于社会创业的蓝海。

在社会经济水平提升以及政府的积极引导下，中国创业行为的质量得到提升。GEM 对创业者创业动机的调查显示，仅以生存为目的的创业者数量连年下降，以在世界上有所作为、改善民生为动机的创业者比例逐年递增。这不仅体现了创业机会随社会发展而变化，也在一定程度上反映了企业的社会责任感不断增强。此外，每年的《全球创业观察报告》还会对新创企业的行业分布进行统计。企业的行业分布在一定程度上直接体现了创业者所关注的领域和问题。《全球创业观察报告》将初创企业依据行业的不同依次划分至农业、矿业、制造业、运输、批发/零售、通信技术、金融、专业服务业、行政服务、健康教育和社会服务、个性化/消费者服务等 11 个不同类别。通过整理《全球创业观察报告》历年来对中国新创企业行业分布的统计数据可以发现，近年来，医疗、教育、政府社会服务以及行政服务两类行业在中国市场上的占比明显增加（图 5）。

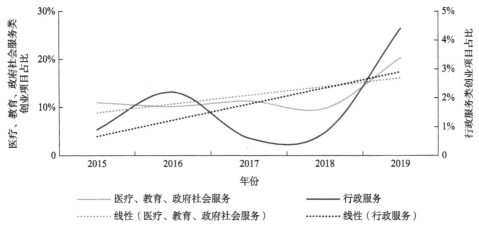

图 5 2015～2019 年中国部分创业行业占比变化情况

资料来源：作者绘制

其中医疗、教育、政府社会服务类创业项目的占比已由 2015 年的 11%上涨至 2019 年的20.3%，行政服务类项目由 2015 年的 0.9%升高至 2019 年的 4.4%。这反映了近年来企业界对于社会问题的关注度提升，同时企业主有意愿为解决社会问题贡献自己的力量。同时相较于传统的非营利组织，社会创业企业因其更强的创新能力、抗风险能力以及资源整合能力而具备更强的解决社会问题的能力，这也部分解释了近年来社会创业持续升温的现象。

社会创业的发展中蕴藏着巨大的能量与潜力，只有通过社会创业创新性地破除社会弱势群体在获取资本与信息上的不对称性，将其纳入市场化的进程之中，才能彻底解决发展的不平衡与不充分等问题。

2.3　创业环境不断优化

创业环境是创业活动发生的土壤，一定程度上决定了创业者发挥其主观能动性的程度，从而影响创业行为的效益。GEM 构建了包含金融支持、政府政策（支持及相关）、政府政策（税收及行政机构）、政府创业项目、学校阶段创业教育、后学校阶段创业教育、研发和技术转移、商业和法律基础、内部市场动态性、内部市场进入壁垒/规则、文化和社会规范、有形基础设施等 12 个指标的创业环境评估模型，各指标从 1～10 打分，其中 1 表示非常不充分，10 表示非常充分。具体执行方式为通过专家问卷调研以利克特量表的形式对每项指标进行测评[10]。根据《全球创业观察 2019/2020 全球报告》，中国总体创业环境在 54 个经济体中排名第 4 位，较 2014 年在 73 个经济体中排名第 36 名有了明显提升。具体看来，在政府政策（税收及行政机构）、政府创业项目、学校阶段创业教育、研发和技术转移以及文化和社会规范等指标上改善效果显著（图 6），这表明政府在积极利用政策工具对创业行为进行直接性的引导与支持外，也通过在全社会范围内营造积极的创业文化及加强创业教育等方式提升创业者的创业意愿与创业能力从而间接推动创业活动的开展。随着创业环境的持续优化，创业者将面临更小的创业阻力，拥有更大的创业动能。同时，研发和技术转移以及知识产权保护水平的提升，一定程度上也将促进创业者开展具备较强技术属性的高质量创新创业活动。

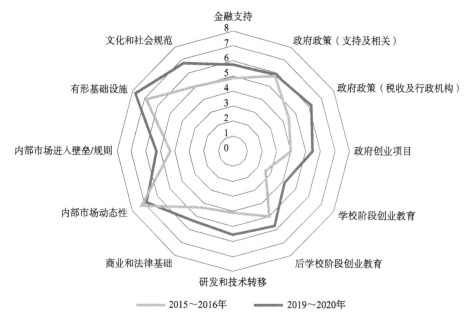

图 6　2015～2016 年与 2019～2020 年中国创业环境比较

资料来源：作者绘制

3　不足与发展建议

美国创业管理大师拉里·法雷尔认为，创业精神驱动国家的繁荣与发展[11]。在经济发展以及科技创新的推动下，集知识、技术、管理等多种要素于一身的创业行为对优化产业结构、增加经济总量等具有重大现实意义。为更好地发展创业经济，应当立足于中国的实际情况培养创业人才，优化创业环境，实施符合国情的创新创业战略。

第一，强化对创业人才的培养，提升创业者个人的综合素质。

创业者是创业活动的核心，创业者的个体特征作为催化剂影响着创业过程中从机会识别到成长管理等一系列活动的进行[12]。因此，提高创业者综合素质是保证创业质量的有效抓手。

一方面，鼓励高学历社会成员积极开展创业活动。《全球创业观察 2018/2019 中国报告》显示，中国技术创业的比例为 2.66%，与排名靠前的澳大利亚（13.1%）、英国（11.27%）和日本（10.58%）等经济体之间仍有较大差距，创业品质仍有较大的提升空间。创业的类型归根结底取决于创业者。目前，中国进行早期创业的群体中，文化程度为大专及以上的人员占比远低于发达经济体。尽管高学历并不能确保更大的创业成功可能性，但学历较低的客观现实也将严重限制国内高科技创业活动的开展。高学历创业者凭借其丰富的知识与精专的技能能更好地感知并把握机会。同时，应当对大学生创业活动予以重视和激励。大学生创业能产生一定的经济价值与社会影响，包括对就业、创新等多方面的贡献。因此，应当尽可能地激发高学历者的创业意愿，提升其创业技能与抗风险能力，从而提升创业质量，推动我国创业行业转型升级。高质量的创业企业不仅意味着能提供更多的就业岗位、具有更旺盛的生命力，而且将推动变革与创新，甚至将产生更大范围的国际影响。

另一方面，加大创业教育力度，提升创业教育质量。人才是高层次创业的核心要素，创业教育是培养高质量创新创业人才的必要条件。与全球其他地区相比，我国的创业教育惠及范围较小，接受过创业教育的青年人相对较少，这也是应届大学生通常创业失败的原因之一。反观其他经济体的创业教育，美国、德国等西方发达国家已探索出相对完善成熟的创业教育体系。目前美国高校的本科课程改革最明显的主题就是将创业教育与专业教育有机融合，在培养大学生专业知识的同时融入创业的理念、知识与技能[13]。美国政府也为高校提供配套政策，支持创业实践活动的开展。此外，美国、以色列等国家早在基础教育阶段就已经开设了有关创业创新的相关课程，通过传统课程以及趣味性比赛等方式鼓励学生创新创业思维的形成与成果的转化。上述都是值得学习借鉴的成功经验，对于我国而言，应当不断完善创业教育体系，使创业教育满足创业者在创业理论知识与实践经验方面的双向需求，从而提升创业质量，加速经济转型与社会发展。

第二，优化创业生态环境。

创业活动是一个复杂的社会现象，生态环境作为其外部影响要素的集合，对创业活动意义重大。近年来，全球范围内的创业活动蓬勃发展，中国作为转型经济体，创业生态环境改善明显，在创业金融等方面甚至优于创新驱动经济体，但不可忽视的是，现阶段我国的创业环境尚未实现全面改善，需持续优化。对标创业生态环境指数排名第一的瑞士，我国在创业教育、政府创业项目、研发和技术转移、商业和法律基础及有形基础设施等方面仍需进一步提升（表 1）。

表 1　《2019/2020 年全球创业观察》中国与瑞士创业环境相关指标的对比

项目	金融支持	政府政策(支持及相关)	政府政策（税收及行政机构）	政府创业项目	学校阶段创业教育	后学校阶段创业教育	研发和技术转移	商业和法律基础	内部市场动态性	内部市场进入壁垒/规则	有形基础设施	文化和社会规范
中国	5.8	5.89	6.16	5.46	4.13	5.74	5.57	5.37	6.88	5.23	7.7	6.78
瑞士	5.5	5.76	6.21	6.07	4.63	6.33	6.35	6.43	4.49	5.54	8.58	6.68
差值	0.3	0.13	−0.05	−0.61	−0.5	−0.59	−0.78	−1.06	2.39	−0.31	−0.88	0.1

资料来源：《全球创业观察 2019/2020 全球报告》

首先，加强对文化、观念等环境要素的建设。在全社会范围内培养创新创业价值观，营造创业文化氛围。文化与行为间互相影响与塑造，文化偏好将影响创业精神的取向，同时这种创业精神将潜移默化地在代与代之间进行传承[14]。通过宣传式教育、参与式学习以及政府创业项目等方式正向引导，加强对于创业文化的宣传与建设，从而塑造社会成员的创业理念并增强对于创业活动的认同度。

其次，完善商业和法律基础服务的供给机制。《全球创业观察 2019/2020 全球报告》显示，我国生态环境位列第 4，然而其中的商业和法律基础要素却排名第 18，为创业者提供商业服务的创业企业比例较低。获得专业的商业和法律服务（如会计和律师服务）是维持企业正常运营的基本条件，尤其在涉及新设计、新产品的行业中，专业性服务尤为重要。因此，政府在加大对创新创业提供法律法规支持力度的同时，可以在制度层面上对专业性服务行业进行整体调度与管理，通过为相关专业机构降低税率、增加补贴等形式提升其为创业者服务的意愿，扩大服务的惠及范围，从而保障创新创业者的基本权益，维护创业市场的健康可持续发展。此外，政府也应当拓展专利以外的保护创新的途径，创新者可以用许可的方式而非市场化方式，从而减少时间成本、最大化其外溢效益[15]。

最后，提高创业相关基础设施的水平。完善的基础设施能够降低初创企业经营的边际成本，从而促进创业活动的开展[16]。具体而言，在数字经济时代背景下，政府在注重传统基础设施建设的同时应加大对以通信网络、新技术等为代表的数字化新型基础设施建设方面的投入，有研究表明较传统公路等交通基础设施，宽带等信息基础设施凭借其挖掘信息、创新商业模式等优点将对创业行为发挥更大的效用[17]。因此，政府应当加大在新型基础设施建设中的投入，促进创新性国际化的高质量创业活动开展，解决就业问题、增强经济发展的内生动力。

参考文献

[1] Schumpeter J A. The Theory of Economic Development[M]. Cambridge：Harvard University Press，1934.

[2] 陆岚，秦剑. 基于全球创业观察项目的创业研究分析与展望[J]. 管理现代化，2015，35（6）：37-39.

[3] Bosma N，Hill S，Ionescu-Somers A，et al. Global Entrepreneurship Monitor：2019/2020 global report[EB/OL]. https://www.gemconsortium.org/report[2021-04-17].

[4] Koellinger P D，Thurik A R. Entrepreneurship and the business cycle[J]. The Review of Economics and Statistics，2012，94（4）：1143-1156.

[5] Mulcahy D. Will the gig economy make the office obsolete？[J]. Harvard Business Review，2017，3：2-4.

[6] 周艳春. 关于创业与创新关系的研究综述[J]. 生产力研究，2009，（22）：255-256.

[7] 德鲁克 P F. 创新与创业精神[M]. 张炜，译. 上海：上海人民出版社，上海社会科学院出版社，2002.

[8] 徐虹，张妍，翟燕霞. 社会创业研究回顾与展望[J]. 经济管理，2020，42（11）：193-208.

[9] Santos F M. A positive theory of social entrepreneurship[J]. Journal of Business Ethics, 2012, 111（3）：335-351.

[10] Wennekers S，van Wennekers A，Thurik R，et al. Nascent entrepreneurship and the level of economic development[J]. Small Business Economics，2005，24（3）：293-309.

[11] 法雷尔 L C. 创业时代：唤醒个人、企业和国家的创业精神[M]. 李政，杨晓非，译. 北京：清华大学出版社，2006.

[12] Bygrave W D，Hofer C W. Theorizing about entrepreneurship[J]. Entrepreneurship Theory and Practice，1992，16（2）：13-22.

[13] 黄兆信，王志强. 论高校创业教育与专业教育的融合[J]. 教育研究，2013，34（12）：59-67.

[14] Doepke M，Zilibotti F. Culture, entrepreneurship, and growth[C]//Handbook of Economic Growth. Amsterdam：Elsevier，2014：1-48.

[15] Kuratko D F，Hodgetts R M. 创业学：理论、流程与实践[M]. 张宗益译. 6 版. 北京：清华大学出版社，2006.

[16] 孔令池，张智. 基础设施升级能够促进企业家精神成长吗？——来自高铁开通和智慧城市建设的证据[J]. 外国经济与管理，2020，42（10）：139-152.

[17] Audretsch D B，Heger D，Veith T. Infrastructure and entrepreneurship[J]. Small Business Economics，2015，44（2）：219-230.

Trend of Entrepreneurship：Based on Global Entrepreneurship Monitor Data

Yang Yang

（School of Public Administration，Jilin University，Changchun 130012，China）

Abstract: Based on the data of Global Entrepreneurship Monitor from 2001 to 2019, this paper concludes global and China's entrepreneurship trend. The global entrepreneurship takes on a strengthening trend, and the gig entrepreneurship models is emerging, and the technological and innovative nature of entrepreneurial activities become obvious. The entrepreneurship trend in China is characterized by the following points: the entrepreneurs in China become younger, and the differences in gender are weakening; social entrepreneurship have continued to heat up; the entrepreneurship ecosystem has been continuously improved. In the future, in order to develop the entrepreneurial economy, cultivating entrepreneurial talents and optimizing the entrepreneurship ecosystem in China should be strengthened to promote high-quality entrepreneurial activities.

Keywords: entrepreneurship; Global Entrepreneurship Monitor; entrepreneurship trend

中关村青年创业者的创业素质特征分析[*]

黄敬宝[1]，朱刘弦[2]

（1.中国社会科学院大学 经济学院，北京 102488；2.浙商银行北京分行，北京 100005）

摘要：本文调查表明：中关村青年创业者的创业特质、创业精神和创业能力及综合创业素质均良好，远高于安徽青年创业者；不同年龄和学历的创业者的创业素质差异不大，理工类和经管类创业者的创业素质反而较低，男性创业者的创业素质明显高于女性，再次创业者的创业素质显著高于初次创业者。这证明了人才的高创业素质决定创业的高效益，也揭示了创业素质开发中存在传统教育观念的性别歧视、创业教育的功能较弱、专业教育的实用性不足等问题。最后提出：家庭应强化以创业特质为核心的早期教育；高校应实施创业能力导向的教育改革，丰富创业知识和提升技能水平；政府应通过制度设计，优化创业环境和实践教育条件，通过"创中学"和经验交流提升青年创业素质，点燃我国"大众创业、万众创新"战略的引擎。

关键词：中关村；青年创业者；创业素质；创中学

中图分类号：F272.2　　文献标识码：A

　　"大众创业、万众创新"是我国的国家战略，青年由于知识和技能较多、年轻有活力，应该成为我国创业的主力军。尽管我国创业环境日益改善，但真正创业的青年比重并不大[1]；其中最重要的原因就是缺乏具备潜在创业素质的人。目前研究创业人才及其素质特征的文献较少，主要内容包括以下两个方面。

1. 创业者的素质构成

　　根据 1973 年麦克利兰（McClelland）提出的冰山模型，胜任工作岗位的特征不仅包括显性的知识、技能，还包括动机、个性品质、自我形象、态度等隐性部分[2]。Chandler 和 Hanks 认为，创业的核心素质是识别、预见并利用机会的能力[3]。Man 等基于过程观提出的创业胜任力，包括机会、关系、概念、组织、战略和承诺等 6 个维度[4]。Shane 指出，业务经验、工

　　*基金项目：国家社会科学基金一般项目"职业生涯视角下的大学毕业生就业质量研究"（14BSH068）。

　　作者简介：黄敬宝（1977—），男，安徽亳州人，中国社会科学院大学经济学院教授、硕士生导师，博士，研究方向：宏观经济、劳动就业。朱刘弦（1995—），男，河南商丘人，浙商银行北京分行汽车金融部，硕士，研究方向：公司金融、人力资源开发。

作经验和行业经验的积累，有利于人们对创业机会的识别和开发[5]。朱永跃等结合产业集群理论分析，构建了心理资本、关系资本和能力资本三个维度的创业人才素质模型[6]。刘沁玲认为，创新型创业人才的特征包括创新思维、能动性、冒险、想象力、洞察力、专业经验等，并从宏观、中观、微观三个层面构建了高校创新型创业人才开发的结构关系模型[7]。调查表明，创业动机、创业者社会特质（自我效能感、警觉性、先前经验和创业激情）、创业能力（社会网络能力、机会识别与开发能力、运营管理能力）和创业政策，都影响餐饮创业者的持续发展[8]。

2．创业者的素质特征

周方涛认为，科技创业人才具有遗传性、社会性、资本性、创造性四大本质属性，以及知识特性、经济活性、事业韧性三大基本特征[9]。调查表明，青年返乡创业的动机特征主要是想回本地发展，创新特征主要是青年创新能力较弱、自主创新技术缺乏、互联网创新应用不足[10]。这些文献都为创业人才研究打下了很好的基础，但相对比较零散，直接针对青年创业素质及其特征的研究很少。作者试图构建完整的指标体系，并通过对 182 名中关村青年创业者的调查，揭示青年创业者的素质特征，展开相关的理论与现实分析。

在梳理上述文献的基础上，加上作者自己的思考，本文从四大板块构建中关村青年创业者的创业素质指标体系。①创业特质板块。创业特质板块由成就动机，目标导向，敏锐性，责任感，乐观、，自信，吃苦、忍耐指标共同构成。其中，成就动机，如想做大事往往会为青年创业提供充足的动力；目标导向体现为目标的明确性和做事的计划性，会影响创业的效果和效率。②创业精神板块。创业精神板块由创新精神、冒险精神、合作精神指标构成。只有创新、与众不同，才能保持企业的竞争力。③创业知识板块。创业知识板块只有创业知识和经验指标。④创业能力板块。创业能力板块由学习、反思与自我管理能力，决策能力，沟通协调能力，企业管理能力（员工管理能力、财务管理能力、营销管理能力）指标构成。下面通过问卷调查和访谈，揭示中关村青年创业者的总体素质特征和分类素质特征，为青年创业者的素质开发提供依据。

课题组于 2018 年 9 月至 2019 年 2 月通过中关村国家自主创新示范区 H 园、S 园相关机构、北京众创空间、3I 咖啡等创业孵化器转发问卷星，对 208 名创业时 45 岁及以下的中关村青年创业者展开调查，剔除有逻辑问题等无效问卷 26 份，有效问卷 182 份。男性 127 人，女性 55 人。创业时 29 岁以下的 44 人，30～34 岁的 51 人，35～39 岁的 51 人，40～45 岁的 36 人，以 30～39 岁的年轻人为主。高中或中专以下 8 人，高职、专科 24 人，大学本科 98 人，硕士 41 人，博士 11 人，以本科和硕士为主。有打工经历的 150 人，本次创业之前有创业经历的 73 人，家人或亲友中有创业者的 97 人；也就是说，在本次创业之前，很多中关村青年创业者都有较好的职业历练。

1 中关村青年创业者的总体素质

1. 创业特质

本文运用利克特5分量表法，1、2、3、4、5分别代表很弱、较弱、一般、较强、很强。根据调查，成就动机水平很弱的占 0.55%，较弱占 4.95%，一般占 26.92%，较强占 31.87%，很强占 35.71%。为了量化与可比，我们取被调查者打分的平均值作为指数，将这个指数除 5 得到相应的百分比，59.99%及以下、60%~69.99%、70%~79.99%、80%~89.99%、90%及以上分别对应 2.99 及以下、3~3.49、3.5~3.99、4~4.49、4.5 及以上，将其分别界定为不及格、及格、中等、良好、优秀。经计算，成就动机指数为 3.97，中等；目标导向指数为 4.15，良好；敏锐性指数为 3.99，中等；责任感指数为 4.25，乐观、自信指数为 4.14，吃苦、忍耐指数为 4.24，均为良好。取这 6 个指标的平均值，总体创业特质为 4.12，良好。

2. 创业精神

创新精神指数为 4.09，冒险精神指数为 4.04，合作精神指数为 4.19，均为良好。取平均值，总体创业精神为 4.11，也是良好。

3. 创业知识

创业知识和经验指数为 3.86，中等。

4. 创业能力

学习、反思与自我管理能力指数为 4.07，决策能力指数为 4.09，沟通协调能力指数为 4.17，均为良好。企业管理能力指数为 3.86，中等。总体创业能力为 4.05，良好。

可见，除了成就动机、敏锐性、创业知识和经验、企业管理能力为中等，其他 10 个指标均为良好。平均值为 4.08，即综合创业素质良好。

2 中关村青年创业者的分类素质

2.1 不同性别的中关村青年创业者的素质

为了细化研究，我们对不同性别的中关村青年创业者的素质展开分析。男性和女性中关村青年创业者分别为 127 人和 55 人。

1. 创业特质

如图 1 所示，男性、女性中关村青年创业者的成就动机指数分别为 4.11、3.65，前者比后者高 0.46。为了便于描述与比较，我们界定两者的差距占 5 分的百分比，小于 1%，对应指数值（0，0.05），为差距较小；大于等于 1%而小于 3%，对应指数值[0.05，0.15），差距一般；大于等于 3%而小于 5%，对应指数值[0.15，0.25），差距较大；大于等于 5%而小于 7%，对应指数值[0.25，0.35），差距很大；大于等于 7%，对应指数值大于等于 0.35，差距特别大。可见，女性中关村青年创业者的成就动机与男性的差距特别大。男性、女性创业者的目标导向指数分别为 4.24、3.95，前者比后者高 0.29，差距很大。敏锐性指数分别为 4.04、3.87，前者比后者高 0.17，责任感指数前者比后者高 0.22，乐观、自信指数前者比后者高 0.17，差距均较大。吃苦、忍耐指数前者比后者高 0.13，差距一般。取平均值，男性中关村青年创业者的创业特质比女性创业者高 0.248，差距较大。

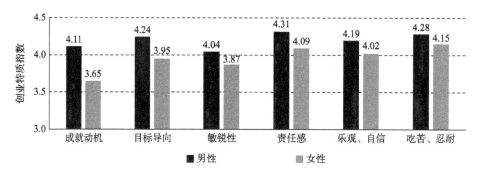

图 1　男性、女性中关村青年创业者创业特质指数值的对比

2. 创业精神

男性、女性中关村青年创业者的创新精神指数分别为 4.13、4.02，前者比后者高 0.11；冒险精神指数分别为 4.06、3.98，前者比后者高 0.08，差距均一般。合作精神指数分别为 4.24、4.07，前者比后者高 0.17，差距较大。取平均值，男性青年创业者的创业精神比女性高 0.12，差距一般。

3. 创业知识

创业知识和经验指数分别为 3.87、3.84，男性高 0.03，差距较小。

4. 创业能力

男性、女性创业者的学习、反思与自我管理能力指数分别为 4.1、3.98，前者比后者高 0.12，差距一般。决策能力指数分别为 4.14、3.98，前者高 0.16，差距较大。沟通协调能力指数分别为 4.21、4.07，前者高 0.14，差距一般。企业管理能力指数分别为 3.87、3.84，前者高 0.03，差距较小。取平均值，男性创业者的创业能力平均比女性高 0.11，差距一般。

综合看来，男性中关村青年创业者的各方面创业素质都高于女性创业者，创业特质层面的性别优势明显，尤其是成就动机的差距特别大。

2.2　不同年龄的中关村青年创业者的素质

为了细化研究，我们对不同年龄的中关村青年创业者的素质展开分析。35 岁及以上和 35 岁以下中关村青年创业者分别为 95 人和 87 人。

1. 创业特质

35 岁及以上和 35 岁以下中关村青年创业者的成就动机指数分别为 3.97 和 3.98，前者比后者低 0.01，差距较小。目标导向指数都是 4.15。敏锐性指数分别为 3.91 和 4.06，前者比后者低 0.15，差距较大。责任感指数分别为 4.25 和 4.24，前者比后者高 0.01，差距较小。乐观、自信指数分别为 4.09 和 4.18，前者低 0.09，差距一般。吃苦、忍耐指数分别为 4.15 和 4.32，前者比后者低 0.17，差距较大。取其平均值，35 岁及以上的中关村青年创业者的创业特质比 35 岁以下低 0.07，差距一般，即更年轻的创业者，其创业特质反而有优势。

2. 创业精神

35 岁及以上和 35 岁以下中关村青年创业者的创新精神指数分别为 4.06 和 4.13，前者比后者低 0.07，差距一般。冒险精神指数分别为 4.02 和 4.05，前者比后者低 0.03，差距较小。合作精神指数分别为 4.25 和 4.14，前者比后者高 0.11，差距一般。总体来看，前者创业精神略高，差距较小。

3. 创业知识

创业知识和经验指数分别为 3.85 和 3.86，前者比后者低 0.01，差距较小。

4. 创业能力

学习、反思与自我管理能力指数分别为 4.09 和 4.04，前者比后者高 0.05，差距一般。决策能力指数均为 4.09。沟通协调能力指数分别为 4.18 和 4.16，前者比后者高 0.02，差距较小。企业管理能力分别为 3.83 和 3.89，前者比后者低 0.06，差距一般。创业能力总体上无明显差别。

综上，中关村青年创业人才的创业素质没体现出年龄和资历的优势，年轻人的创业特质反而更强。

2.3　不同学历的中关村青年创业者的素质

为了细化研究，我们对不同学历的中关村青年创业者的素质展开分析。研究生及以上学历的中关村青年创业者为 52 人，本科及以下学历的中关村青年创业者为 130 人。

1. 创业特质

研究生及以上、本科及以下中关村青年创业者的成就动机指数分别为 4.13、3.91，前者比后者高 0.22，差距较大；目标导向指数分别为 4.21、4.12，前者比后者高 0.09，差距一般；敏锐性指数分别为 4.00、3.98，前者比后者高 0.02，差距较小；责任感指数分别为 4.33、4.22，前者比后者高 0.11，差距一般。乐观、自信指数分别为 3.98、4.2，前者比后者低 0.22；吃苦、忍耐指数为 4.08、4.3，前者比后者低 0.22，差距均较大。根据平均值，两者的创业特质完全无差异。

2. 创业精神

创新精神指数分别为 4.08、4.1，前者比后者低 0.02；冒险精神指数分别为 4.02、4.05，前者比后者低 0.03，差距均较小。合作精神指数分别为 4.15、4.21，前者比后者低 0.06，差距一般。取平均值，研究生及以上学历创业者的创业精神较弱，低 0.04，差距较小。

3. 创业知识

创业知识指数分别为 3.92、3.83，前者比后者高 0.09，差距一般。

4. 创业能力

学习、反思与自我管理能力指数分别为 4.12、4.05，前者比后者高 0.07，差距一般；决策能力指数分别为 4.13、4.08，前者比后者高 0.05，差距一般。沟通协调能力指数为 4.12、4.19，前者比后者低 0.07，差距一般；企业管理能力为 3.85、3.87，前者比后者低 0.02，差距较小。取平均值，研究生及以上学历创业者的创业能力高 0.01，差距较小。

综上，研究生创业者的创业精神较弱而创业知识较多，但差距不大。

2.4 不同专业的中关村青年创业者的素质

为了细化研究，我们对不同专业的中关村青年创业者的素质展开分析。理工类有 67 人，经济管理类（以下简称经管类）67 人，剩下的归为其他类，为 48 人。

1. 创业特质

理工类、经管类、其他类的中关村青年创业者的成就动机指数分别为 4.01、4.03、3.83；经管类最高、其他类最低，两者相差 0.2，差距较大。目标导向指数分别为 4.15、4.13、4.17，其他类最高、经管类最低，相差 0.04，差距较小。敏锐性指数分别为 4.04、3.81、4.17，其他类最高、经管类最低，相差 0.36，差距特别大。责任感指数分别为 4.16、4.28、4.31，其他类最高、理工类最低，相差 0.15，差距较大。乐观、自信指数为 4.1、4.16、4.15，经管类最高、理工类最低，相差 0.06，差距一般。吃苦、忍耐指数为 4.25、4.24、4.21，理工类最高、其他类最低，相差 0.04，差距较小。取平均值，其他类创业者的创业特质最高、经管类最低，相差 0.03，差距较小。

2. 创业精神

理工类、经管类、其他类创业者的创新精神指数分别为 4.06、4.04 和 4.21，其他类最高、经管类最低，相差 0.17，差距较大。冒险精神指数分别为 4.09、4.01 和 4，理工类最高、其他类最低，相差 0.09，差距一般。合作精神指数分别为 4.19、4.21 和 4.17，经管类最高、其他类最低，相差 0.04，差距较小。取平均值，其他类的创业精神指数值最高、经管类最低，相差 0.04，差距较小。

3. 创业知识

创业知识和经验指数分别为 3.85、3.87、3.85，经管类最高，其他两类相同，相差 0.02，差距较小。

4. 创业能力

学习、反思与自我管理能力指数分别为 3.97、4.09 和 4.17，其他类最高、理工类最低，相差 0.2；决策能力指数分别为 4.03、4.07 和 4.21，其他类最高、理工类最低，相差 0.18，差距均较大。沟通协调能力指数为 4.21、4.09 和 4.23，其他类最高、经管类最低，相差 0.14，差距一般。企业管理能力为 3.73、3.9 和 4，其他类最高、理工类最低，相差 0.27，差距很大。取平均值，其他类的创业能力最高、理工类最低，相差 0.17，差距较大。

显然，与其他类相比，尽管理工类和经管类的创业人数较多，但其创业素质反而偏低。理工类的创业知识最少和创业能力最低；经管类的创业知识偏高，而创业特质和创业精神最低。

2.5　不同经历的中关村青年创业者的素质

为了细化研究，我们对不同经历的中关村青年创业者的素质展开分析。根据是否有创业经历，分为初次创业者和再次创业者，分别有 109 人和 73 人。

1. 创业特质

再次创业者、初次创业者的成就动机指数分别为 4.23、3.8，前者比后者高 0.43，差距特别大。目标导向指数分别为 4.27、4.06，前者高 0.21，差距较大。敏锐性指数分别为 4.16、3.87，前者高 0.29；责任感指数分别为 4.4、4.15，前者高 0.25，差距均很大。乐观、自信指数分别为 4.16、4.12，前者高 0.04，差距较小。吃苦、忍耐指数分别为 4.42、4.11，前者高 0.31，差距很大。取平均值，再次创业者的创业特质高 0.26，差距很大。

2. 创业精神

再次创业者、初次创业者的创新精神指数分别为 4.15、4.06，前者比后者高 0.09；冒险精神指数分别为 4.12、3.98，前者比后者高 0.14，差距均一般。合作精神指数分别为 4.29、4.13，前者比后者高 0.16，差距较大。取平均值，再次创业者的创业精神高 0.13，差距一般。

3. 创业知识

再次创业者、初次创业者的创业知识和经验指数分别为 4、3.76，再次创业者高 0.24，差距较大。

4. 创业能力

再次创业者、初次创业者的学习、反思与自我管理能力指数分别为 4.21、3.97，前者比后者高 0.24，差距较大。决策能力指数分别为 4.26、3.98，前者高 0.28，差距很大。沟通协调能力分别为 4.23、4.13，前者高 0.1，差距一般。企业管理能力分别为 4.03、3.75，前者高 0.28，差距很大。取平均值，再次创业者的创业能力高 0.225，差距较大。

再次创业者的创业素质全面高于初次创业者，创业特质、创业知识和创业能力层面都有显著的体现，尤其是成就动机的差距特别大。

3 中关村与安徽的青年创业者的素质对比

近年来，安徽实施了一些鼓励创业的政策，创业活动比较活跃；但它属于中部地区，与相邻的江苏、浙江东部沿海省相比，创业环境和创业效果还存在较大的差距。可以说，安徽青年创业状况，在广大中西部地区具有很大的代表性；本文通过中关村与安徽青年创业者的素质对比，进一步揭示中关村青年创业者的素质的独特性。2018 年 11 月曾对安徽青年创业者展开调查[11]，当时只做了四分法，分别对应于 1、2、3、4；为了具有可比性，我们分别乘以 1.25，还原为 5 分制。同时，当初对安徽青年创业者的调查，没设计创业知识部分，因此，对比分析只有以下三个部分。

1. 创业特质

如图 2 所示，还原后的安徽青年创业者的成就动机指数为 3.55，中关村青年创业者的成就动机指数比其高 0.42，二者差距特别大。与安徽青年创业者相比，中关村青年创业者的目标导向指数高 0.65，敏锐性指数高 0.51，差距特别大；责任感指数低 0.09，差距一般；乐观、自信指数高 0.24，差距较大；吃苦、忍耐指数高 0.13，差距一般。取平均值，中关村青年创业者的创业特质比安徽青年创业者高 0.31，差距很大。

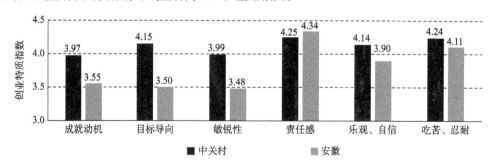

图 2　中关村与安徽的青年创业者的创业特质指数值对比

2. 创业精神

与安徽青年创业者相比，中关村青年创业者的创新精神指数高 0.71，冒险精神指数高 0.71，合作精神指数高 0.51，差距都特别大。取平均值，创业精神平均高 0.64，差距也特别大。

3. 创业能力

与安徽青年创业者相比，中关村青年创业者的学习、反思与自我管理能力指数高 0.34，差距很大。沟通协调能力指数高 0.52，企业管理能力指数高 0.49，差距特别大。取平均值，创业能力高 0.45，差距特别大。

综上，除责任感[①]，中关村青年创业者的 11 个创业素质指标均高于安徽青年创业者，尤其在创业精神和创业能力层面，优势特别突出。

4 结论与探讨

4.1 基本结论

1. 中关村青年创业者的创业素质的总体特征

创业特质、创业精神和创业能力以及平均的创业素质均为良好；远远高于安徽青年创业者，尤其是创业精神和创业能力层面，优势特别突出。

2. 中关村青年创业者创业素质的分类特征

（1）青年创业者的创业素质存在明显的性别烙印。男性创业者的各方面创业素质都高于女性创业者，在创业特质、创业精神、创业能力层面均有较强的表现，尤其是成就动机的优势特别突出。

（2）不同年龄段和学历的青年创业者的创业素质差异不大。年轻人的创业特质反而更高，单纯的年龄或资历增加并没有显示出创业素质的优势；与本科生及以下学历青年创业者相比，研究生及以上学历青年创业者的创业知识较多，但创业精神较弱，总体差距很小。

（3）创业数量较多的理工类和经管类的青年创业者，其创业素质反而较低。理工类的创业知识最少、创业能力最差，经管类的创业特质、创业精神最弱，本该擅长技术与市场运作的专业反而没有创业素质优势。

（4）创业实践经历能显著增强青年创业者的创业素质。只要曾经创业，不论成败，再次创

---

① 在访谈中，安徽亳州市的青年创业者 AH23 主要为了多赚点钱而创业，在××网上销售当地的普通农产品，也有贡菜之类的少量地方特产。他出身于朴实的农民家庭，父母从小就教育他要本分做人、踏实做事。他也一直认为，只有对客户负责、通过诚信与良好的服务来赢得口碑，才能在激烈的市场上站稳脚跟。每次发货前都要仔细检查，一旦客户反馈有问题，立即换货或赠送一些小礼品，确保客户的利益不受损失。这个案例很有代表性，当地朴实的民风、传统的家教，加上普通农产品缺乏竞争优势，共同塑造了安徽青年创业者责任感较强的特点。

业者的创业特质、创业精神、创业知识和创业能力都显著高于初次创业者，尤其是成就动机。

4.2 探讨

4.2.1 较高的创业素质能带来什么

从理论层面，在萨伊提出的"资本、劳动、土地"三要素的基础上，熊彼特提出了第四大生产要素"企业家才能"[12]，以突出企业家在创新创业与社会财富创造中的重要作用。显然，中关村青年创业者的创业素质属于企业家才能的范畴。他们的创业特质、创业精神和创业能力以及综合创业素质均为良好，远远高于安徽青年创业者；与创业效果相联系，中关村青年创业者平均雇佣员工 27.82 人、平均年利润 280.92 万元、平均月利润 23.41 万元，而安徽青年创业者平均雇佣他人 5.75 人、平均年利润 20.7 万元、平均月利润 1.725 万元[11]，这表明创业素质与企业的利润和创业带动就业效应高度正相关，充分证明了"人才的高创业素质决定创业的高效益"。事实上，中关村作为国家自主创新示范区，其创新创业能力和创业效应不仅明显高于安徽，在全国也处于领头羊的地位，其影响因素是多方面的，而起决定性作用的则是中关村拥有一批具有较高创业素质的青年创业者。换句话说，推动我国"大众创业、万众创新"战略，最关键的就是培养具有较高潜在创业素质的人。

4.2.2 创业素质有哪些有效的开发手段

我们通过对中关村青年创业者的特征探索与剖析，筛选出一些具体且相对有效的创业素质开发手段。性别、年龄只是自然属性；高校学历和专业教育应该有助于提升创业素质，但目前的影响力度十分有限；创业实践，也可以说是创业试验或试错，是最有效的创业素质开发手段，而当地的政策扶持，尤其是打造良好的创业生态圈，对于吸引广大青年创业并通过"创中学"实现创业素质的提升至关重要。

4.2.3 创业素质开发中存在哪些问题

1. 传统教育观念中的性别歧视问题

与男性创业者相比，女性创业者的创业素质明显偏低；而这种创业素质的差异，与传统教育观念的性别歧视密切相关。在传统观念中，女孩应该以家庭为重，用于工作的时间和精力都很有限；最好找个稳定的工作，而不适合去搞挑战性和风险性很大的创业活动；从社会层面，目前像董明珠这样的知名女性创业者或企业家相对较少，示范作用较弱。这些都限制了广大女性青年创业素质的提高，女性青年创业者的成就动机明显较弱，就是一种典型的印证。①

---

① 在访谈中，中关村青年创业者 ZGC25 出于兴趣爱好，硕士毕业后开了一家 VR（virtual reality，虚拟现实）工作室。她是独生子女，家庭条件比较优越，更没吃过苦。父母一直认为，女孩最终还是要以家庭为重，更多的时间和精力要放在子女抚养与教育上。高校辅导员也经常建议女生最好找相对稳定的工作。上大学期间，她也没想到会创业，没注重创业知识积累和创业能力培养。当她真正创业时，才发现自己的创业精神、决策能力、企业管理能力等较弱，远远不够用。

2. 学校教育体系中的创业教育功能问题

20 世纪 60 年代初，Schultz 提出了人力资本概念，并指出正规教育是人力资本投资的四大基本手段之一[13]，它也是提升人们工作技能的最主要手段。从逻辑上看，创业素质是综合素质的重要组成部分，通过学校教育和学历提升，应该能提升创业素质。而通过跟本科及以下学历的创业者相比，发现研究生及以上学历的中关村青年创业者的创业知识高一些，创业能力差异较小，创业精神反而更低，说明更高层次的学历教育并不能显著增强创业素质。换句话说，在目前的高校教育体系中，创业教育的功能较弱。事实上，我国开展创业教育的时间较晚，尽管 2012 年教育部出台文件，倡导各高校尽量创造条件开设《创业基础》必修课；但很多学校受到师资不足和教学条件限制而没能开设，即使有些学校已经开课，但教学体系不完整，教学效果也不太理想，没能为广大学生提供足够的创业知识和创业能力储备。访谈中，绝大多数青年创业者没上过创业相关课程；只有几个曾选修过"创业基础"，但印象已经不深。

3. 专业教育的实用性不足问题

专业知识是专有人力资本的基础[14]，不同学科所学到的知识和工作技能决定着未来的职业发展方向。理工类的大学毕业生会掌握更多的实用技术、更懂技术创新，经管类毕业生更熟悉市场规律与经营管理；而创业更强调技术运用与创新以及市场运营，故理工类和经管类毕业生应该更具有创业的专业优势。而根据本文调查，理工类大学生的创业知识最少、创业能力最低，经管类学生的创业知识有很微弱的优势但创业特质和创业精神最弱，即他们所学的专业知识没能为创业提供很好的支持。这既说明了创业教育有独特的教育体系、专业教育代替不了创业教育，也表明目前高校专业教育的实用价值被打了折扣，与社会对实用人才的要求存在着一定的差距。①

5　主要建议

要采取有针对性的措施，全面开发广大青年的潜在创业素质，点燃推动我国"大众创业、万众创新"战略的引擎。

第一，家庭要强化创业特质为核心的早期教育。

研究表明，人格发展是一个不断完善的过程，基因遗传决定了人格的天性层面，人际交往和经历不断完善人格，其中家庭的影响最显著[15]。即创业特质作为人格的重要组成部

---

① 在访谈中，中关村青年创业者 ZGC47 高职毕业来北京打工两年后，创办了一家网络运维支持的个体企业。他当年考上了某高职院校的计算机应用技术专业，本想多学点实用技术。而事实上，多数老师照本宣科、传授的计算机与网络知识远远滞后于现实发展，实验室的电脑陈旧而且数量不足，几乎没有实践基地，要自己找实习单位。有些老师和辅导员经常倡导他们关注重点，要学好课本上的理论知识，争取专升本。目前积累的创业知识和技能主要是通过打工以及创业之后的锻炼与摸索获得的。

分，家庭教育，尤其是早期的家庭教育的影响至关重要。父母在子女的儿童时代就要付出更多的时间陪伴他们，帮忙他们塑造积极健康的人格和良好的创业特质，包括远大的理想和成就动机、敏锐性，注重目标导向和做事效率，并形成乐观自信、吃苦忍耐等品质，为将来的可能创业打下良好的基础。针对女性创业素质较低的问题，家长要破除"重男轻女""女孩干不了大事"等落后思想，给女孩同样的关爱与鼓励，并科学育儿，促进她们健康快乐成长，并提供尽可能好的实践锻炼和体验条件，培养良好的创业特质，充分发掘女孩的创业潜能。

第二，高校要实施创业能力导向的教育改革。

创业素质高，即使不创业，也能更好地胜任单位安排的工作任务。要以创业能力作为突破口，切实推动高校教育改革，以提升人力资本投资的效率。①推动专业教育改革。不论是高职教育，还是本科或研究生教育，都要及时调整课程设计，删除过时的内容，增加与时俱进、反映新时代变化的专业知识，尤其要考虑互联网经济对人才的需求变化[16]，开展更有针对性的专业教育，通过增强专业教育的实用性，提高潜在创业者的综合素质和动手操作能力。②完善创业教育体系。要加大资金投入和师资培训；普及"创业基础"必修课，确保让每个大学生都有条件接受基本的创业知识和技能教育；并针对一些有兴趣且有创业潜力的学生开展创业实训、企业管理等更高层次的课程，以提升创业和经营管理技能。另外，还要开展创新、创意、创业大赛，为大学生提供更多的模拟创业的体验机会；并提供更好的校园创业等实战条件，让大学生锻炼自己的创业能力。同时，在职业生涯规划指导和创业教育机会方面，要给女性同等的地位与待遇，避免有潜力的潜在女性创业者小苗被埋没。

第三，政府要优化创业环境和创业实践教育条件。

创业实践经历是开发创业素质的最有效手段，而中关村国家自主创新示范区的很多先进做法，值得我国其他地方政府学习与借鉴。政府要通过加大资金投入、创业园的科学规划与基础设施建设、优惠的融资和税收政策、培养专业化的孵化器和众创空间，降低青年创业的成本和风险，吸引更多的青年开展创业活动，让他们通过"创中学"提升创业素质。同时，搭建与高校和科研机构、其他创业者交流的平台，引导他们在经验交流与火花碰撞中获得隐性的创业知识和技能。另外，政府还要从制度设计层面，引导和优化家庭教育和高校教育。一方面，实施生育补贴政策，并大力倡导育儿服务的社会化和专业化发展，完善社会保障制度，降低女性创业的社会成本，以破除家庭教育中"重男轻女"思想的社会基础，并提升年轻父母的育儿技巧，促进广大青少年的健康成长和创业素质开发；另一方面，将就业能力、创新能力、创业能力和创业率纳入教育的考核评价指标体系，促进高校实施创业能力导向的教育改革，以提升大学生的专业技能和创业素质。

参考文献

[1] 黄敬宝. 北京高校大学生就业与创业调查研究[M]. 北京：知识产权出版社，2015：328-339.

[2] McClelland D C. Testing for competence rather than for "intelligence"[J]. American Psychologist, 1973, 28（1）: 1-14.

[3] Chandler G N, Hanks S H. Market attractiveness, resource-based capabilities, venture strategies, and venture performance[J]. Journal of Business Venturing, 1994, 9（4）: 331-349.

[4] Man T W Y, Lau T, Chan K F. The competitiveness of small and medium enterprises: a conceptualization with focus on entrepreneurial competencies[J]. Journal of Business Venturing, 2002, 17（2）: 123-142.

[5] Shane S. Prior knowledge and the discovery of entrepreneurial opportunities[J]. Organization Science, 2000, 11（4）: 448-469.

[6] 朱永跃，胡蓓，杨辉. 产业集群创业人才素质模型构建[J]. 企业经济，2012，31（4）：83-86.

[7] 刘沁玲. 高校创新型创业人才开发的模型设计[J]. 学术论坛，2012，35（9）：191-194，222.

[8] 冯贤贤，李进. 影响餐饮创业者持续发展的因素分析———以成都市高新南区为例[J]. 四川旅游学院学报，2018，（6）：39-42.

[9] 周方涛. 科技创业人才的属性特征述评与环境弹性模型构建[J]. 科技进步与对策，2012，（16）：141-145.

[10] 林龙飞，陈传波. 返乡创业青年的特征分析及政策支持构建———基于全国 24 省 75 县区 995 名返乡创业者的实地调查[J]. 中国青年研究，2018，29（9）：53-61，10.

[11] 黄敬宝. 青年创业者的素质及其培养———以安徽省为例[J]. 中国统计，2018，（12）：70-72.

[12] Schumpeter J A. The Theory of Economic Development[M]. Cambridge: Harvard University Press, 1934: 73-90.

[13] Schultz T W. Investment in Human Capital[J]. American Economic Review, 1961, （51）: 1-17.

[14] 赖德胜，孟大虎. 专用性人力资本、劳动力转移与区域经济发展[J]. 中国人口科学，2006，（1）：60-68，96.

[15] Miller I W, Ryan C E, Keitner G I, et al. The McMaster approach to families: theory, assessment, treatment and research[J]. Journal of Family Therapy, 2000, 22（2）: 168-189.

[16] 黄敬宝. "互联网+"时代的青年就业与新思维[J]. 中国青年社会科学，2015，34（5）：43-49.

Analysis on Characteristics of Entrepreneurship Quality of Young Entrepreneurs in Zhongguancun

Huang Jingbao[1], Zhu Liuxian[2]

（1. School of Economics, University of Chinese Academy of Social Sciences, Beijing 102488, China; 2. Beijing Branch of China Zheshang Bank Co. Ltd, Beijing 100005, China）

Abstract: The survey shows as follows: the entrepreneurial characteristics, entrepreneurial spirit, entrepreneurial ability and comprehensive entrepreneurial quality of young entrepreneurs in Zhongguancun are all good, far higher than that of young entrepreneurs in Anhui Province; the entrepreneurial quality of different ages and educational background has little difference, but the entrepreneurial quality of Science & Engineering and Economics & Management is lower, and the quality of male entrepreneurs is significantly higher than that of female entrepreneurs, and the quality of re-entrepreneurs is significantly higher than that of first-time entrepreneurs.It proves that "the high quality of talents determines the high efficiency of entrepreneurship"; but there are some problems in the development of entrepreneurship quality, such as sexism in traditional education concept, weak function of entrepreneurship education, and lack of practicability in professional education. Finally, it proposes that families should strengthen early education with entrepreneurship characteristics as the core, and universities should implement the education reform oriented by entrepreneurial ability, and improve entrepreneurial knowledge and skills, and government should optimize the entrepreneurial environment and practical education conditions through system design, and further improve the entrepreneurial quality of young people through "learning by starting a business" and experience exchange, so as to ignite the engine of Mass Entrepreneurship and Innovation Strategy in China.

Keywords: Zhongguancun; young entrepreneur; entrepreneurship quality; learning by starting a business

中国情境下的创业活动：理论框架及测量体系

熊鹏，马静

（国立釜庆大学 技术经营大学院，釜山 48547，韩国）

摘要： 本文在系统回顾中国创业活动理论和测量方法研究脉络的基础上，指出中国创业活动是由政府和企业在统一的文化规范影响下共同驱动，在本质上是一种"基于文化的双发型创业系统"。通过归纳对比国内外多种创业活动测量体系，构建了由政府、企业、文化和产出等维度构成的省级创业活动测量体系和评价模型，并通过实证分析，验证了该体系的实用性。结果表明：以政府为主导营造良好的市场环境，是提升创业活动质量的有效手段；大力弘扬创业文化、强化公众的创业意愿，是保证创业活动质量的必要前提。

关键词： 中国情境；创业活动；理论框架；测量体系

中图分类号：F270　文献标识码：A

1　研究背景

近几十年来，中国的创业活动日新月异，创业技能、创业热点、激励政策等呈现显著的动态性，以欧美等发达经济体为研究对象构建的理论框架在研究中国创业活动时存在一些局限性，在解释中国正在快速变化的创业活动时面临挑战。总的来看，已有的研究大部分是利用中国的数据来验证西方成熟经济体的创业理论，虽然中国经济背后独特的制度和文化背景导致了研究创业的一些独特视角[1]，产生的研究成果也有助于帮助人们从各个角度了解中国创业活动的独特性，但"盲人摸象"（只见局部不见整体）的弊端比较明显，即获得的都是局部的结论，无法从整体上掌握中国创业活动的本质特点。所以，较之于"局部"的研究而言，中国创业活动更急需"综合"的研究，即要从推动区域经济发展的角度来构建中国创业活动的整体研究框架，从而为政策制定者提供更实用的理论依据。

在这一背景下，本文的主要目的是探究与中国情境下独特的制度和文化相匹配的创业活

作者简介：熊鹏（1981—），男，湖北孝感人，国立釜庆大学技术经营大学院博士研究生，研究方向：创新与创业管理。
马静（1983—），女，山东威海人，国立釜庆大学技术经营大学院博士研究生，研究方向：创新与创业管理。

动的理论框架和测量体系，希望能够把握中国创业活动的整体性特征，并能提出更符合中国情境的创业活动测量体系。本文主要采用桌面研究的方法，在文献综述部分，首先回顾了中西方学者，特别是熟悉中国传统文化的华裔学者对于中国创业活动的研究文献，总结了不同视角下的中国创业活动的特点。接下来，收集整理了各类国际组织和中西方学者所制定的与中国有关的创业活动测量体系，最终筛选了9种测量体系，并按照与中国的关联度和指标复杂程度对其进行了二维矩阵的对比分析。

在理论及测量框架构建部分，本文提出文化的差异是导致中西方创业活动差异的主要原因，而传统文化与独特制度相结合的结果是中国创业活动中的政府和企业这两大参与主体的角色定位和职能划分都与西方创业活动有显著不同。中国创业活动的根本特征是一种"基于文化的双发型创业系统"，是由政府和企业在统一的文化规范影响下共同驱动的创业系统。紧接着，本文采用对比分析的方法构建了中国情境下创业活动的测量体系。在兼顾中国创业活动的本质特征、数据可靠性和可获得性基础上提出了由政府、企业、文化和产出4个维度、72个指标构成的测量体系，并通过对7个有代表性省份2018年面板数据的实证分析，得出了各省创业活动的特点及不足。在最后的总结部分，指出了本文研究的不足之处，并对后续可能的研究方向提出了一些建议。

本文希望能够在理论和实践上做出一定的原创性贡献，可能的创新点包括提出了一种针对中国创业活动的整体性理论研究框架，该框架反映了传统文化、参与主体、创业产出这三大中国创业活动的显著独特性；此外，本文提出了一套测量中国创业活动的指标体系，在指标的选取和复杂程度方面更符合中国情境的特点。

2　文献综述

2.1　关于中国创业活动独特性的研究

自1978年以来，中国已经开始从以"关系"为基础的市场结构向以"规则"为基础的竞争结构的制度转型[2]，伴随而来的关于中国创业活动的研究也日益增加。早期研究学者主要以华裔为主，大多是利用西方成熟的创业理论对中国现象进行解释，或者是利用中国数据来验证西方创业理论，缺乏原创性理论构建和研究。

这一问题的转折点出现在2013年前后，随着研究的深入，学者们逐渐发现中国的创业活动在创业战略的制定、关系网络的选择和合法性的获得方面具有显著的独特性[3-4]。在此之后出现了一些高水平的研究成果，提升了中国创业活动研究的层次。学者们在系统性回顾了前期对中国创业活动的研究之后，提出制度、市场和文化是造成中国创业活动独特性的底层原因，并提出了针对中国创业活动的三个维度的理论研究框架。在此之后，其他学者也纷纷从政策、企业家特征、创业教育、文化、区域等各个层面揭示中国创业活动的独特特点[5-6]。

中国各级地方政府的政策对于当地创业活动影响巨大，也在创业绩效中发挥了关键作用[7]。

获得政府研发补贴对于公司得到银行贷款具有显著的正向认证效应，且对非上市公司的积极影响比上市公司更深远，而且在知识产权保护较弱的地区，认证效果更为显著[8]。政府主导的各类正式和非正式的企业间合作网络能够帮助企业快速制定可靠的商业规范，以减少违约风险[9]。当前经济下行压力持续增大，各级政府也纷纷出台了各类创业激励政策，实证研究也证实了更具包容性和选择性的人才引进政策，对于打造创业型城市至关重要[10]，而区域的工业基础和市场环境是吸引新的初创公司的决定性因素[11]。政府信息化、居民信息化可以显著提高创业的可能性，也会促进创业收入的提升和就业效应的实现[12]。

从创业者经历角度来看，多次创业者比第一次创业者更擅长公司内部管理和组建合作网络，但与发达经济体不同的是，这并不意味着在中国前者更容易成功和更容易取得高水平的创业绩效[3]。创业者的技术背景会直接决定企业的战略制定，而不同的企业战略定位与创业绩效之间关系明显。开发性市场导向对创业绩效没有显著影响，但创业导向与技术导向的交互作用对创业绩效有显著的正向影响[13]。从政治身份而言，党员企业家更容易利用政策实现成功创业，这一现象在经济欠发达地区更为明显[14]。从农村进入城市的居民的创业率和创业进入率都超过了城市居民和农村居民，其企业的创业绩效处于平均水平，他们的商业活动在城市商业格局中发挥了不可替代的积极作用[11]。

中国高等教育的扩招总体上降低了自雇型创业选择，但增加了老板型创业活动[15]。对农民企业家创业意愿的研究表明，通过更好的创业政策、更有针对性的创业教育以及推广成功的创业模式，政府可以显著地增强农村个体的创业意愿[16]。创业教育、家庭成员的性格和创业经历对于个体，特别是学生群体的创业意愿影响最大[17-18]，且创业自我效能感和晋升重点（而非预防焦点）与创业意向正相关[19]。

文化对于中国的企业家精神和创业活动的影响是不可替代的，特别是儒家伦理可以说是中国企业家精神的根源[20]。除此之外，研究也表明佛教价值观可以为企业家创办的新企业带来独特的利益，并有助于提高初创企业的创业绩效[21]。一个有趣的现象是，可能是由于"关系"这个词是中国文化所独有的，所以很多学者研究"关系"在中国创业活动中的重要性。虽然"关系"的强度、规模和结构对创业公司的发展有直接影响[22-25]，但已有的研究成果似乎难以证明在中国的创业活动中需要比在发达经济体中更多的"关系"。

实际上，"关系"在中国创业活动中的作用仅仅是冰山一角，中国传统文化对于创业活动的影响是持续而深刻的，区域文化的历史和当前创业活动的区域差异性特征是一致的，如长三角地区的创业者普遍比西北地区的创业者更具有冒险精神，而京津冀地区的创业者普遍比中部的创业者更热衷于从事高科技产业等。这一重要的特点意味着政策制定者在出台激励性创业政策、提升企业家精神、发掘个人创业精神时，必须充分考虑当地的文化传统[26]。从长远来看，除了海港、城市人口密度和市场潜力等传统对创业活动有利的因素之外，现代企业家精神对产业集群的形成、集群的规模和集群的强度有显著的影响[27]。这意味着植根于中华文化沃土的企业家精神对创业活动的影响正在加强，而非部分学者所认为的正在被现代企业文化所削弱[28]。

由于中国区域经济的发展沿"胡焕庸线"存在显著的不平衡现象，近 6 亿月收入不足 1000 元的人大多位于"胡焕庸线"的左半部分。因此，中国各地区创业活动存在巨大的差异性，创业企业在地理上存在明显的区域集中性，北京、上海和深圳是中国最重要的创业城市。大城市代表着更大的市场、更大的经济密度以及更多受过高等教育的劳动力，从而拥有了一种更有利于创新创业的环境。股权融资、信贷融资等资金支持，以及风险资本的可得性对城市的创业活动有非常积极的影响，金融、政治、技术等关键资源所在的大都市存在较强的正外部性[29]。而科技企业孵化器的技术支持和创业指导对一线城市初创企业的早期发展产生了显著和积极的影响，而这些影响在二线和三线城市则不那么明显。这说明城市的社会经济发展水平和地理位置显著影响了孵化器服务的有效性、资源可用性和培育企业吸收这些资源的能力[30-31]。但与西方不同的是，中国城市的国际化程度似乎与创业意愿关联度不高，因为国际化程度较低的中国内陆城市反而比国际化程度高的香港拥有更高的创业意愿[32]。

除此之外，从个性特质角度而言，具有强烈创业意愿的个人更愿意在高度市场化的大城市中从事创业活动[33]。而且与当地企业家相比，移民企业家中机会驱动型创业的比例更高，更容易受到包容性区域政策和区域企业家精神的影响，也更容易在当地需求和对外联系的推动下开始创业[34]。可能的原因是，在大城市和在中小城市，创业者的人格特质对创业概率的影响不同。在大城市中，自觉性和开放性较高的人更有可能从事个体经营，而在中小城市，责任心和随和性则与创业概率显著正相关[35]。

从已有的研究文献来看，由于中国经济是一种处于转型阶段的新兴经济，即在计划经济向市场经济过渡的同时又伴随着经济增长方式的转型。这一史无前例的经济现象就导致了中国的创业活动在政策、文化、人力资源、金融、市场、支持等多方面都与西方创业活动存在着明显的不同[36]。

2.2 创业活动测量方法回顾

因为创业研究的终极目标是分析创业活动是如何推动区域经济发展的，所以对创业活动的测量和诊断一直是学术界研究的热点，本文回顾了国内外机构和学者提出的 9 种有代表性的创业活动测量方法。

"全球创业观察"是以国家或地区为单位研究创业活动质量和变化趋势的项目，吸引了全球很多国家的学者、大学和机构的共同参与。经过二十余年的发展完善，《全球创业观察 2019/2020 全球报告》中提出了由 12 项指标构成的创业活动测量体系，即金融支持、政府政策（支持及相关）、政府政策（税收及行政机构）、政府创业项目、学校阶段创业教育、后学校阶段创业教育、研发和技术转移、商业和法律基础、内部市场动态性、内部市场进入壁垒/规则、有形基础设施、文化和社会规范。专家通过对上述 12 个指标的打分，计算每个国家的总分值，并以此评估其创业活动的态势和变化[37]。

　　"全球创业指数"（global entrepreneurship index，GEI）是由 Ács 教授主导的一个全球化创业评估项目，从 2009 年开始，已经进行了十多年，但遗憾的是 2019 年的报告是其最后一期。GEI2019 报告的测量体系分为社会创业态度、企业家能力和个人创业抱负三个层面，包括：机会感知、创业技能、风险承受、网络协同、创业文化、机会捕捉能力、技术吸收能力、人力资源能力、竞争能力、产品创新、流程创新、高成长性、国际化经营和风险投资共计 14 个维度的专家计算分值，并据此计算出每个国家的总分值[38]。

　　经济合作与发展组织（Organization for Economic Co-operation and Development，OECD）提出的"创业评估框架"（entrepreneurship measurement framework，EMF）是针对全球各经济体创业环境进行测量的一套方法，包括监管框架、市场条件、融资渠道、知识创造和传播、创业能力、文化、企业、创造就业等 8 个维度的 55 个指标[39]。

　　世界银行（World Bank，WB）颁布的"Doing Business 2020"报告主要针对各经济体的经商环境进行综合评估，在该报告中制定了开办企业、办理建筑许可证、获得电力、注册财产、获得信贷、保护少数投资者、纳税、跨境贸易、合同执行、破产清算共 10 个维度的 49 个指标[40]。

　　世界经济论坛（World Economic Forum，WEF）2014 年颁布的"全球创业生态系统与早期公司成长动力"报告中，制定了市场可行性、人力资本、资金与金融、支持体系、政府与监管框架、教育与培训、大学和文化，共计 8 个维度 38 个指标的创业活动测量指标[41]。

　　当然，由于创业活动的复杂性、动态性和异质性，一个创业活动可能由数百个元素组成，为方便起见，"巴布森创业生态系统项目"（Babson Entrepreneurship Ecosystem Project，BEEP）提出了包括文化、政策和领导力、财务状况、人力资本、市场和支持机构、产品风险在内的 6 个维度，共计 50 个指标的轻量化测量体系[42]。

　　通过高成长性公司来测量一个创业活动也是一个简化的方式，通过对荷兰 12 个省的创业活动进行分析后，Stam 领导 TCK 研究所（Tjalling C. Koopmans Research Institute，TCKRI）提出了由正式机构、创业文化、物理基础设施、需求、网络、领导力、人才、金融、新知识和中介服务 10 个指标组成的测量体系[43]。

　　在构建一个统一的测量体系方面，英国的"阿斯彭发展企业家网络"（Aspen Network of Development Entrepreneurs，ANDE）开展了有益的尝试，他们在综合分析了 9 种创业活动诊断指标体系后，提出了由决定因素中的金融、商业支持、政策、市场、人力资本、基础设施、研发、文化 8 个维度 21 个指标，加上创业绩效和影响 2 个维度 6 个指标，共计 27 个指标的测量体系[44]。

　　在研究中国青年创业活动的特点及构建测量体系方面，中国相关机构也做了一些开创性的研究，如在研究框架和测量指标的设定上更充分地考虑了中国情境因素，特别是设置了创业绩效指标，强调创业活动的最终目的是更好地推动区域社会经济的发展。中国青年创业就业基金会、中国劳动和社会保障科学研究院发布的中国青年创业发展评估报告采用了人口统计特征、心理特质、机会识别能力、资源整合能力、运营管理能力、学习能力、政策环境、市场环境、文化环境、组织绩效、个体绩效等 11 个指标来评估中国青年创业活动的质量[45]。

此外，还有中国学者构建了针对创业活动中某一方面的测量体系，如对不同地区的创新创业活跃度进行评估，采用了人口活力、企业活力、基础设施、市场环境、金融支持、政策激励、创新创业产出等 7 个维度、28 个指标的测量体系[46]。在分析中国 31 省区市的创业环境时，构建了经济基础环境、基础设施环境、市场环境、人文环境、创业水平、创新链接等 6 个维度共计 20 个指标[47]。在对创业孵化生态环境的健康性进行评价时，采用了更具中国特色的人力、财力、物力、创新 4 个维度 32 个指标[48]。在比较分析创业制度环境时，采用了规制、认知、规范、有利等 4 个维度 16 个指标[49]。因为这些测量体系并不是针对整个创业活动，所以并未包含在表 1 中的整体性测量体系中。

表 1　国内外主要创业活动测量体系

序号	提出方	测量要素
1	GEM	金融支持、政府政策（支持及相关）、政府政策（税收及行政机构）、政府创业项目、学校阶段创业教育、后学校阶段创业教育、研发和技术转移、商业和法律基础、内部市场动态性、内部市场进入壁垒/规则、有形基础设施、文化、社会规范
2	GEDI	机会感知、创业技能、风险承受、网络协同、创业文化、机会捕捉能力、技术吸收能力、人力资源能力、竞争能力、产品创新、流程创新、高成长性、国际化经营和风险投资
3	OECD	监管框架、市场条件、融资渠道、知识创造和传播、创业能力、文化、企业、创造就业
4	WB	开办企业、办理建筑许可证、获得电力、注册财产、获得信贷、保护少数投资者、纳税、跨境贸易、合同执行、破产清算
5	WEF	市场可行性、人力资本、资金与金融、支持体系、政府与监管框架、教育与培训、大学和文化
6	BEEP	文化、政策和领导力、财务状况、人力资本、市场和支持机构、产品风险
7	TCKRI	正式机构、创业文化、物理基础设施、需求、网络、领导力、人才、金融、新知识和中介服务
8	ANDE	金融、商业支持、政策、市场、人力资本、基础设施、研发、文化、创业绩效、影响
9	中国青年创业就业基金会、中国劳动和社会保障科学研究院	人口统计特征、心理特质、机会识别能力、资源整合能力、运营管理能力、学习能力、政策环境、市场环境、文化环境、组织绩效、个体绩效

注：GEDI 即 Global Entrepreneurship and Development Institute，全球创新发展研究院

对表 1 中的测量体系按照复杂程度和与中国的关联程度进行二维矩阵划分，如图 1 所示。由大型国际组织所制定的测量体系大多指标复杂，所采用的数据与中国官方统计的数据常有出入；由西方学者提出的测量体系集中体现了以企业为核心的创业系统特征，很难反映中国创业活动中政府的重要作用；由中国学者提出的测量体系较好地兼顾了上述两者的优点，但又略显简单，无法反映创业活动的复杂性。所以，总的来看，在深刻分析中国创业活动独特性的基础上所构建的整体性创业测量体系非常少见，因此有必要在国际成熟的测量体系的基

础上考虑中国创业活动的独特性，从而制定出更切合实际的测量体系。

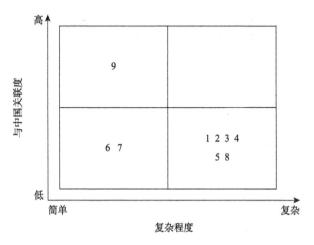

图 1　测量体系矩阵分类图
资料来源：作者绘制

3　理论及测量框架构建

3.1　理论研究框架分析

中国创业活动具有显著的独特性，其特点主要体现在如下方面。

第一，文化在中国创业活动中起到了决定性作用，深刻影响了创业活动中各主体的决策和行动。政府的决策必须建立在公平的基础上，公司的经营行为必须符合大众普遍认知，而不能仅从经济角度衡量，个人是否创业也必须充分考虑周围人的感受。传统文化中"重士轻商""持家守业"等偏保守思想对于各类群体（特别是高水平人员）投入到创业活动中的影响作用非常明显。正式制度之外的非正式文化评判和文化监督作用明显，甚至要强于正式制度。公众完全不能接受为达个人目的而损害集体利益的行为，政府官员、企业和个人的行为不能违背传统道德规范，否则即使没有实质性违法，也会因为失去公众的信任而寸步难行。

第二，政府在中国创业活动中起到了主导作用，中国各级政府部门直接承担了促进区域经济发展的任务，每年都将接受严格的社会经济指标的考核。就业情况、居民收入增加情况和地区生产总值增长情况是其中的最重要的考核指标，而考核的结果直接关系着地方官员的知名度、政治声望和未来晋升空间。这一机制就决定了政府在中国创业活动中并不只是规则的制定者，更是重要的参与者和推动者，大量的官员直接参与到招商引资、合同谈判中。所有创业政策的目的就是吸引更多企业入驻、更多企业高速发展、更多企业被评为高新技术企业和更多企业 IPO（initial public offering，首次公开募股）上市，从而最终推动所在地经济的高效增长、吸纳更多的就业和提高居民的收入。

第三，企业始终是中国创业活动最重要的角色。据 2019 年统计数据，中国每年新增的企业数已超过 2000 万家，这意味着每年有数以亿计的人员投入到创业活动中。这些创业者和企业家普遍缺乏经营知识，没有接受系统的创业教育，但在追求更好生活的欲望驱动下，他们克服了行业的不良竞争、资源的高度集中等困难，识别和创造了大量的创业机会，是中国经济高速发展的重要贡献者。

鉴于上述三个特点，本文认为中国创业活动的根本特征是一种"基于文化的双发型创业系统"，如图 2 所示。

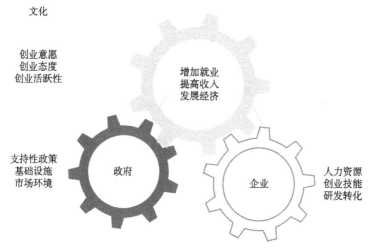

图 2 基于文化的双发型创业系统框架
资料来源：作者绘制

在基于文化的双发型创业系统中，政府和企业是中国创业活动的两台发动机，共同驱动着创业系统的运转，缺一不可。这在结构上就与西方创业活动存在根本的差异，后者更多的是以企业为核心驱动力。这种双驱体系并非仅仅是结构上的不同，而是深刻体现了中国儒释道杂糅的文化传统。中国传统文化中的"上下同欲者胜""为官一任、造福一方"等思想要求政府不能只做"看不见的手"，更要做强而有力的、看得见的手；而"民为邦本""不患寡而患不均"的思想导致了公众对于贫富差距具有高度的敏感性，这也要求政府在发展经济的同时必须缩小贫富差距。因此，增加就业、提高收入、发展经济是整个创业系统对外输出的三大产物，也是其存在的根本价值。

3.2 测量体系构建

针对基于文化的双发型创业系统的特征，本文构建一套中国情境下衡量创业活动质量的测量指标体系，如表 2 所示。

表 2　中国情境下创业活动测量体系

一级指标	二级指标	编号	测量指标	数据来源	序号
政府	A 支持性政策	A1	享受优惠政策的企业占比/%	全国企业创新调查年鉴	1
		A2	科学技术支出/亿元	中国高技术产业统计年鉴	2
		A3	教育支出/亿元	中国统计年鉴	3
		A4	社会保障和就业支出/亿元	中国统计年鉴	4
		A5	商业服务业支出/亿元	中国统计年鉴	5
		A6	金融支出/亿元	中国统计年鉴	6
	B 基础条件	B1	运输线路里程（铁路、内河、公路之和）/公里	中国统计年鉴	7
		B2	年客运量/万人	中国统计年鉴	8
		B3	年货运量/万吨	中国统计年鉴	9
		B4	使用计算机比例/%	全国企业创新调查年鉴	10
		B5	企业拥有网站比例/%	全国企业创新调查年鉴	11
		B6	开展电子商务企业比例/%	全国企业创新调查年鉴	12
	C 市场环境	C1	高新区数量/个	中国火炬统计年鉴	13
		C2	高新技术企业数量/个	中国火炬统计年鉴	14
		C3	孵化器数量/个	中国火炬统计年鉴	15
		C4	创业导师人数/人	中国火炬统计年鉴	16
		C5	众创空间数量/个	中国火炬统计年鉴	17
		C6	服务的创业团队数量/个	中国火炬统计年鉴	18
		C7	服务的初创企业数量/个	中国火炬统计年鉴	19
		C8	举办的创新创业活动/次	中国火炬统计年鉴	20
		C9	开展创业教育培训/次	中国火炬统计年鉴	21
		C10	获得技术支撑服务的团队和企业数量/个	中国火炬统计年鉴	22
		C11	大学科技园在孵企业数量/个	中国火炬统计年鉴	23
		C12	火炬特色产业基地企业数量/个	中国火炬统计年鉴	24
		C13	创新产业集群内企业数量/个	中国火炬统计年鉴	25
		C14	技术合同备案数量/个	中国高技术产业统计年鉴	26
		C15	技术合同备案金额/亿元	中国高技术产业统计年鉴	27
		C16	促成技术转移项目总数/项	中国高技术产业统计年鉴	28
		C17	促成技术转移项目总金额/万元	中国高技术产业统计年鉴	29
		C18	生产力促进中心提供技术服务次数/次	中国高技术产业统计年鉴	30

续表

一级指标	二级指标	编号	测量指标	数据来源	序号
企业	D 人力资源	D1	年末人口/万人	中国统计年鉴	31
		D2	城镇人口比重/%	中国统计年鉴	32
		D3	本科及以上比例/%	中国统计年鉴	33
	E 创业技能	E1	综合创业能力（0 和 1 之间的数值）	全国企业创新调查年鉴	34
		E2	认同创新是企业生存最重要动力的企业家比例/%	全国企业创新调查年鉴	35
		E3	认为优惠政策对创新有促进作用的企业家比例/%	全国企业创新调查年鉴	36
		E4	不知道有创业优惠政策的企业家比例/%	全国企业创新调查年鉴	37
		E5	认为自己不满足优惠政策条件的企业家比例/%	全国企业创新调查年鉴	38
		E6	初创企业开展创新活动的比例/%	全国企业创新调查年鉴	39
	F 研发转化	F1	高技术产业中有 R&D 活动的企业数量/个	中国高技术产业统计年鉴	40
		F2	高技术产业中 R&D 人员/人	中国高技术产业统计年鉴	41
		F3	高技术产业 R&D 经费内部支出/万元	中国高技术产业统计年鉴	42
		F4	新产品开发项目数/项	中国火炬统计年鉴	43
		F5	新产品开发经费支出/万元	中国火炬统计年鉴	44
		F6	新产品销售收入/万元	中国火炬统计年鉴	45
		F7	高技术产业企业数量/个	中国火炬统计年鉴	46
		F8	高技术产业从业人数/人	中国火炬统计年鉴	47
		F9	高技术产业营业收入/亿元	中国火炬统计年鉴	48
		F10	高技术产业利润总额/亿元	中国火炬统计年鉴	49
		F11	专利申请数量/个	中国火炬统计年鉴	50
		F12	发明专利申请数量/个	中国火炬统计年鉴	51
产出	G 增加就业	G1	私营企业和个体就业人数/万人	中国统计年鉴	52
		G2	失业人数/万人	中国统计年鉴	53
		G3	失业率/%	中国统计年鉴	54
	H 提高收入	H1	居民消费价格指数（上年是 100）	中国统计年鉴	55
		H2	商品零售价格指数（上年是 100）	中国统计年鉴	56
		H3	居民人均可支配收入/元	中国统计年鉴	57
		H4	居民人均消费支出/元	中国统计年鉴	58
		H5	城镇私营单位就业人员平均工资/元	中国统计年鉴	59

续表

一级指标	二级指标	编号	测量指标	数据来源	序号
产出	I 发展经济	I1	地区生产总值/亿元	中国统计年鉴	60
		I2	地区生产总值指数（上年是 100）	中国统计年鉴	61
		I3	人均生产总值/元	中国统计年鉴	62
		I4	人均生产总值指数（上年是 100）	中国统计年鉴	63
文化	J 创业意愿	J1	创业意愿率/%	中国股权蓝皮书	64
	K 创业态度	K1	规模以上企业开展创新活动的比例/%	全国企业创新调查年鉴	65
		K2	规模以下企业开展创新活动的比例/%	全国企业创新调查年鉴	66
		K3	规模以下通过合作开展技术创新的企业比例/%	全国企业创新调查年鉴	67
		K4	规模以下独立研发开展技术创新的企业比例/%	全国企业创新调查年鉴	68
	L 创业活跃度	L1	年度新增市场主体/万户	各省国民经济和社会发展统计公报	69
		L2	股权人数/万人	中国股权蓝皮书	70
		L3	新兴行业股权人数/万人	中国股权蓝皮书	71
		L4	创业者新兴行业占比/%	中国股权蓝皮书	72

资料来源：作者整理

指标选择原则如下。

1. 符合中国创业活动的独特性

从政府、企业、产出和文化四个维度构建了测量体系，政府维度包括支持性政策、基础条件、市场环境；企业维度包括人力资源、创业技能、研发转化；产出维度包括增加就业、提高收入、发展经济；文化维度包括创业意愿、创业态度、创业活跃度。

2. 以中国国内官方统计数据为主

二级指标和三级指标数据的确定主要考虑数据要有持续稳定的国内统计数据获取渠道，主要来源是各级政府发布的包含 2018 年数据的统计年鉴、国民经济和社会发展统计公报、全国企业创新调查年鉴、中国高技术产业统计年鉴等权威统计报告。

3. 以市场调研数据作为补充

创业活跃度和创业意愿中的各项指标需要借助桌面研究方式搜集相关市场机构所获取的调研数据。

这套测量体系的设立有助于识别建设一个良好的省级创业活动所需要的条件，当然，这套体系也存在一些不足之处，如部分数据是通过抽样调查获得，这不可避免地涉及调查的代表性和准确性问题。

4 实证分析

按照国家统计局的划分原则，本文选择了东部地区排位靠后的福建和山东 2 省，以及中部地区的安徽、江西、河南、湖北和湖南 5 省，共 7 个省份 2018 年的各项统计数据进行实证分析。统计数据详见表 3。

表 3 2018 年中国 7 省的统计数据

编号	测量指标	安徽	福建	江西	山东	河南	湖北	湖南
A1	享受优惠政策的企业占比/%	61.00	46.60	63.53	60.57	58.66	59.09	62.58
A2	科学技术支出/亿元	294.81	115.25	147.09	232.74	155.67	268.49	129.94
A3	教育支出/亿元	1 113.26	925.06	1 054.41	2 006.50	1 664.67	1 065.64	1 186.72
A4	社会保障和就业支出/亿元	954.67	468.15	761.06	1 253.99	1 298.45	1 172.00	1 095.57
A5	商业服务业支出/亿元	36.65	68.10	37.09	102.20	41.89	32.31	59.96
A6	金融支出/亿元	10.33	6.32	2.35	62.14	19.83	3.10	10.23
B1	运输线路里程（铁路、内河、公路之和）/公里	72 931	38 553	57 286	94 365	91 801	95 950	85 542
B2	年客运量/万人	63 347	48 105	60 686	67 443	110 421	98 350	106 680
B3	年货运量/万吨	406 761	136 947	174 285	354 019	259 884	204 307	229 957
B4	使用计算机比例	22.90%	17.29%	19.15%	23.55%	17.09%	26.30%	21.53%
B5	企业拥有网站比例	62.00%	44.00%	51.00%	53.00%	48.00%	60.00%	51.00%
B6	开展电子商务企业比例	11.81%	10.85%	8.26%	13.50%	6.79%	9.15%	10.28%
C1	高新区数量/个	6	7	9	13	7	12	8
C2	高新技术企业数量/个	5 324	3 754	3 483	8 831	3 283	6 437	4 579
C3	孵化器数量/个	157	144	53	378	169	192	85
C4	创业导师人数/人	1 406	1 738	1 095	5 457	2 443	3 204	1 292
C5	众创空间数量/个	265	281	112	580	203	275	177
C6	服务的创业团队数量/个	5 892	6 987	7 356	18 401	10 838	12 851	6 702
C7	服务的初创企业数量/个	4 732	4 641	5 087	12 560	5 747	10 058	5 205
C8	举办的创新创业活动/次	4 658	4 311	3 972	9 730	4 208	7 121	4 046
C9	开展创业教育培训/次	3 247	3 156	3 552	8 227	3 878	4 269	2 958
C10	获得技术支撑服务的团队和企业数量/个	2 798	2 163	2 301	7 201	4 687	3 747	2 390
C11	大学科技园在孵企业数量/个	165	114	233	390	376	342	205

编号	测量指标	安徽	福建	江西	山东	河南	湖北	湖南
C12	火炬特色产业基地企业数量/个	4 250	3 491	5 796	20 276	1 184	5 957	2 246
C13	创新产业集群内企业数量/个	624	901	217	1 622	373	1 197	361
C14	技术合同备案数量/个	20 364	7 753	3 024	34 554	7 298	28 835	6 044
C15	技术合同备案金额/亿元	322.6	110.9	115.8	856.9	149.7	1 237.2	281.7
C16	促成技术转移项目总数/项	3 811	1 310	690	8 497	432	8 109	1 635
C17	促成技术转移项目总金额/万元	21 348	202 355	27 753	1 206 034	43 061	4 322 656	153 741
C18	生产力促进中心提供技术服务次数/次	4 638	1 011	1 434	2 323	3 618	1 585	833
D1	年末人口/万人	6 324	3 941	4 648	10 047	9 605	5 917	6 899
D2	城镇人口比重	54.69%	65.82%	56.02%	61.18%	51.71%	60.30%	56.02%
D3	本科及以上比例	5%	7%	4%	6%	4%	8%	5%
E1	综合创业能力（0和1之间的数值）	0.677	0.647	0.627	0.668	0.622	0.66	0.664
E2	认同创新是企业生存最重要动力的企业家比例	28.2%	24.5%	22.2%	25.1%	20.8%	24.6%	23.2%
E3	认为优惠政策对创新有促进作用的企业家比例	45.9%	37.2%	48.8%	45.1%	46.4%	41.6%	48.3%
E4	不知道有创业优惠政策的企业家比例	10.5%	14.3%	15.0%	11.2%	13.0%	12.6%	15.1%
E5	认为自己不满足优惠政策条件的企业家比例	72.30%	71.70%	64.30%	74.60%	70.05%	67.96%	66.04%
E6	初创企业开展创新活动的比例	12.1%	19.2%	14.8%	20.2%	25.9%	23.9%	20.9%
F1	高技术产业中有R&D活动的企业数量/个	661	645	679	898	425	573	784
F2	高技术产业中R&D人员/人	35 512	51 010	26 921	75 630	33 305	36 913	31 164
F3	高技术产业R&D经费内部支出/万元	991 395	1 688 790	685 802	2 265 528	728 273	1 454 447	864 735
F4	新产品开发项目数/项	4 695	4 346	3 910	7 848	2 817	3 316	3 085
F5	新产品开发经费支出/万元	1 181 162	1 663 998	911 432	2 182 509	679 532	1 598 881	975 922
F6	新产品销售收入/万元	17 961 823	19 809 358	10 147 616	23 932 572	36 536 923	15 836 867	10 613 987
F7	高技术产业企业数量/个	1 456	1 005	1 305	1 978	1 123	1 136	1 259
F8	高技术产业从业人数/人	325 467	431 427	456 463	614 533	623 599	358 114	371 352
F9	高技术产业营业收入/亿元	3 995.52	5 789.40	4 753.46	6 989.62	6 064.20	4 340.41	3 522.83
F10	高技术产业利润总额/亿元	255.17	449.90	336.59	599.76	354.65	303.88	233.13
F11	专利申请数量/个	56 596	31 529	26 303	60 928	27 603	28 003	26 339

续表

编号	测量指标	安徽	福建	江西	山东	河南	湖北	湖南
F12	发明专利申请数量/个	26 175	9 850	5 216	31 329	8 911	12 858	11 517
G1	私营企业和个体就业人数/万人	1 410.02	1 966.01	1 010.26	3 057.78	1 639.04	1 837.74	958.75
G2	失业人数/万人	28.07	17.33	35.11	46.54	48.60	36.14	40.35
G3	失业率	2.83%	3.71%	3.44%	3.35%	3.02%	2.55%	3.58%
H1	居民消费价格指数（上年是 100）	102.0	101.5	102.1	102.5	102.3	101.9	102.0
H2	商品零售价格指数（上年是 100）	101.9	101.5	101.0	102.2	102.9	101.2	102.3
H3	居民人均可支配收入/元	23 983.6	32 643.9	24 079.7	29 204.6	21 963.5	25 814.5	25 240.7
H4	居民人均消费支出/元	10 544.1	16 176.6	10 052.8	11 896.8	10 002.5	11 760.8	11 945.9
H5	城镇私营单位就业人员平均工资/元	44 964	52 930	43 733	55 350	40 209	40 126	40 175
I1	地区生产总值/亿元	30 006.82	35 804.04	21 984.78	76 469.67	48 055.86	39 366.55	36 425.78
I2	地区生产总值指数（上年是 100）	108.0	108.3	108.7	106.4	107.6	107.8	107.8
I3	人均生产总值/元	47 712	91 197	47 434	76 267	50 152	66 616	52 949
I4	人均生产总值指数（上年是 100）	106.9	107.4	108.0	105.9	107.2	107.5	107.2
J1	创业意愿率	0.63%	0.94%	0.57%	0.72%	0.46%	0.54%	0.40%
K1	规模以上企业开展创新活动的比例	44.04%	39.63%	38.75%	37.69%	34.03%	43.31%	45.99%
K2	规模以下企业开展创新活动的比例	12.1%	19.2%	14.8%	20.2%	25.9%	23.9%	20.9%
K3	规模以下通过合作开展技术创新的企业比例	20.8%	25.3%	19.1%	21.9%	27.2%	30.7%	30.4%
K4	规模以下独立研发开展技术创新的企业比例	50.0%	58.8%	61.8%	67.4%	59.6%	56.7%	55.8%
L1	年度新增市场主体/万户	85.58	89.19	57.60	168.10	131.95	89.30	79.48
L2	股权人数/万人	37.77	34.51	25.47	69.00	43.28	30.95	26.20
L3	新兴行业股权人数/万人	5.4	6.1	3.1	10.1	6.4	5.8	3.6
L4	创业者新兴行业占比	14.22%	17.66%	12.01%	14.62%	14.83%	18.71%	13.65%

资料来源：作者整理

利用 SPSS 软件对上述数据进行处理，步骤如下。

第一步，数据的正向化。上述 72 个指标中有 4 个指标为反向指标：不知道有创业优惠政策的企业家比例、认为自己不满足优惠政策条件的企业家比例、失业人数和失业率，利用求倒数的方式使其正向化。

第二步，数据的标准化处理。对第一步处理完的数据进行归一化处理，得到标准数值表。

第三步，利用第二步的标准数值，计算各指标的 CRITIC[①]权重值，如表 4 所示。

表 4 各指标的 CRITIC 权重值

序号	权重/%	序号	权重/%	序号	权重/%
1	2.10	25	1.08	49	1.25
2	1.67	26	1.10	50	1.56
3	1.27	27	0.72	51	1.30
4	1.64	28	1.09	52	1.09
5	1.15	29	0.31	53	0.09
6	1.03	30	2.11	54	0.18
7	1.61	31	1.51	55	1.36
8	2.57	32	1.72	56	1.65
9	1.54	33	1.22	57	1.72
10	1.36	34	1.78	58	2.09
11	1.75	35	1.66	59	1.55
12	1.29	36	2.26	60	1.02
13	1.23	37	0.05	61	2.98
14	1.08	38	0.01	62	1.86
15	0.96	39	1.84	63	2.89
16	1.06	40	1.35	64	1.76
17	0.96	41	1.10	65	2.38
18	1.14	42	1.28	66	1.84
19	1.11	43	1.09	67	2.32
20	1.08	44	1.22	68	1.37
21	1.10	45	1.73	69	1.12
22	1.19	46	1.12	70	1.03
23	1.63	47	1.72	71	1.03
24	1.12	48	1.42	72	1.42

资料来源：作者自制

第四步，根据上一步计算的各指标权重，建立以省为单位的评价模型：

$$W_i = \sum_{j=1}^{n} q_{ij} \times p_{ij}, \ i = 1, 2, \cdots, 7 \tag{1}$$

---

① 即 criteria importance though intercrieria correlation。

其中，W_i 表示第 i 省的创业活动综合得分；q_{ij} 表示第 i 省第 j 个指标的权重值；p_{ij} 表示第 i 省第 j 个指标的标准化数值。按式（1）计算，7 省的综合得分如表 5 所示。

表 5　7 省分项及综合得分表

二级指标	安徽	福建	江西	山东	河南	湖北	湖南
支持性政策	0.0485	0.0783	0.0321	0.0484	0.0454	0.0426	0.0066
基础条件	0.0675	0.0682	0.0253	0.0516	0.0742	0.0638	0.0078
市场环境	0.0550	0.1832	0.0227	0.0586	0.1132	0.0220	0.0231
人力资源	0.0138	0.0329	0.0093	0.0140	0.0276	0.0165	0.0263
创业技能	0.0519	0.0511	0.0311	0.0366	0.0454	0.0524	0.0260
研发转化	0.0564	0.1526	0.0311	0.0547	0.0387	0.0247	0.0649
增加就业	0.0039	0.1135	0.0008	0.0044	0.0065	0.0003	0.0061
提高收入	0.0246	0.0576	0.0154	0.0275	0.0194	0.0300	0.0555
发展经济	0.0361	0.0249	0.0588	0.0394	0.0516	0.0411	0.0664
创业意愿	0.0075	0.0144	0.0055	0.0020	0.0046	0.0001	0.0176
创业态度	0.0234	0.0374	0.0223	0.0422	0.0627	0.0627	0.0400
创业活跃度	0.0138	0.0373	0.0004	0.0226	0.0317	0.0070	0.0217
总得分	0.4024	0.8514	0.2548	0.4020	0.5210	0.3632	0.3620

资料来源：作者统计

第五步，利用表 5 的数据对比分析各省的总得分和二级指标的得分情况，如图 3～图 5 所示。

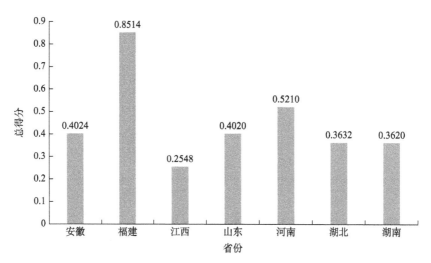

图 3　总得分对比图

资料来源：作者绘制

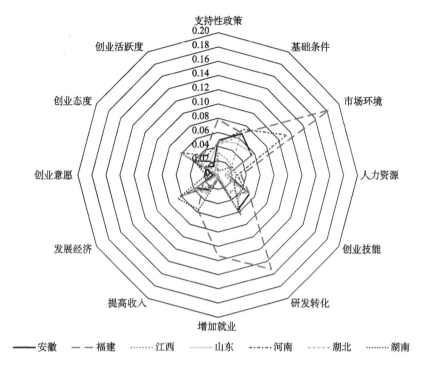

图 4 二级指标得分雷达图

资料来源：作者绘制

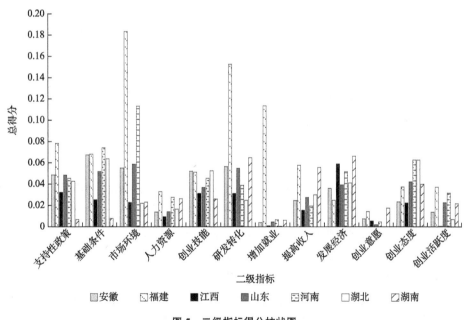

图 5 二级指标得分柱状图

资料来源：作者绘制

对上述结果分析如下：福建省的创业活动得分最高，特别是在市场环境、研发转化、增加就业和创业意愿这 4 个二级指标上的优势非常明显，分别对应了政府、企业、产出和文化 4 个维度；河南省紧随其后，位于第二位，且超过了沿海的山东省，主要是因为河南在市场环境方面得分较高，特别是在服务的初创企业数量和生产力促进中心提供技术服务次数上处于靠前位置；安徽与山东、湖北与湖南的得分非常接近，分别位于 3～6 位，在各个二级指标上的得分都比较接近；江西省的得分最低，其主要差距是在文化维度的创业活跃度和产出维度的增加就业两个指标上。

分析结果表明：政府维度的支持性政策和市场环境、企业维度的研发转化、文化维度的创业活跃度和产出维度的增加就业是衡量创业活动质量的重要指标；在其他条件相当的情况下，以政府为主导营造良好的创新创业市场环境，对于推动高质量创业活动的发展非常重要；在基础条件不占优势的情况下，文化维度的发展潜力很大，大力弘扬创业文化，增强公众的创业意愿是提升创业活动质量的有效途径。

5 结论

本文系统地回顾了关于中国创业活动的理论和测量方法的研究脉络。在理论研究方面，除了部分学者贡献了原创性理论研究成果之外，大多数是复制式、验证型研究。华裔学者和西方学者大多热衷于用规制、合法性、权力距离等西方的创业理论来解释中国创业活动中的现象，或者利用中国的数据来对西方的创业理论进行细微的补充完善。这种分散式的研究虽然有助于从多个角度来审视中国创业活动的特点，但其局限性在于难以掌握中国创业活动的整体特点。更重要的是，硬性套用西方创业理论来解释中国创业活动，所得的结论大多是负面的，如高权力距离、资源垄断、市场竞争不平等、高度监管、合法性不足等，这显然不能真实地反映出中国创业活动的全貌。

本文认为中西方创业活动存在相当大的差异，中国创业活动在制度结构、市场运行方式和文化规范方面具有显著的独特性，其在本质上是一种"基于文化的双发型创业系统"。政府和企业在同一文化传统的影响下共同驱动着创业系统的运行，政府不仅是制度的制定者，更是深入地参与到创业活动的方方面面中，不仅直接决定了区域创业活动的质量，也直接决定了众多创业企业的发展态势；企业是创造经济效益的主体，在创业者的带领下充分利用政策红利和市场机遇，在实现创业者个人价值的同时也实现了更多的就业、更高的可支配收入和更好的区域经济发展，而这三个目标是公众对创业活动最大的期待。无须讳言的是，政府-企业双发动机的结构符合中国的制度特点和文化传统，是中国经济长期高速发展的根本性原因，有其合理性和显著的优势。但在中国经济由高速发展向高质量发展转型的过程中，政府和企业如何更清晰地界定各自的主体边界，既能避免政府大包大揽又能促进企业轻装上阵，这是中国情境下的创业活动面临的现实问题。

在创业活动的测量体系方面，本文对比分析了包含中国或与中国创业活动有关的 9 项国内外具有代表性的测量体系，其中 5 项为大型国际组织制定的评估全球各个经济体创业或经营活动质量的指标体系，3 项为西方学者或机构提出的创业系统测量指标，1 项为中国机构提出的创业活动测量体系。从测量体系的指标复杂程度和与中国的关联度两方面来看，上述 9 项指标体系各有特点，但在体现中国创业活动独特性方面均存在一定不足。在"基于文化的双发型创业系统"这一理论特征的指引下，在主要考虑数据的客观真实性和持续的可获得性基础上，本文提出了针对中国创业活动的测量指标体系，在政府、企业、文化和产出四个维度上构建了基础条件、创业技能、创业意愿等 12 个二级指标和科学技术支出、高新区数量、新产品销售收入、年度新增市场主体等 72 个三级指标。该体系所需的大部分数据来源于各级政府的统计年鉴和统计公告等官方渠道，少部分数据需要通过桌面研究获取。

在实证分析部分，本文利用 SPSS 软件完成了数据的正向化、标准化，并通过计算 CRITIC 权重得到了各省的分项得分和总分值。位于东部地区的福建省领先优势明显，中部地区的河南省总得分位于第二位，而江西省则排名垫底。分析结果表明，在其他条件相当的情况下，以政府为主导营造良好的创新创业市场环境，对于提升创业活动的质量非常重要；而大力弘扬创业文化，增强公众的创业意愿是保证创业活动质量的必要前提。

客观而言，创业活动本是复杂的，尤其是在中国这样一个区域文化差异性、经济发展差异性如此之大的国家。在长期复制式、验证型研究之后，对于中国创业活动的原创性研究才刚刚开始，在传统文化与企业家精神融合、普惠性创业教育平台搭建、提升创业优惠政策效能等方面学者们亟须开展更深入的研究，以提出"真问题"，得出"实用的结论"。

参考文献

[1] He C F, Lu J Y, Qian H F. Entrepreneurship in China[J]. Small Business Economics, 2019, 52（3）: 563-572.

[2] Yang J Y, Li J T. The development of entrepreneurship in China[J]. Asia Pacific Journal of Management, 2008, 25（2）: 335-359.

[3] Li S L, Schulze W, Li Z N. Plunging into the sea, again?A study of serial entrepreneurship in China[J]. Asia Pacific Journal of Management, 2009, 26（4）: 667-680.

[4] Zhao Y B, Li Y, Lee S H, et al. Entrepreneurial orientation, organizational learning, and performance: evidence from China[J]. Entrepreneurship Theory and Practice, 2011, 35（2）: 293-317.

[5] 蔡莉, 单标安. 中国情境下的创业研究: 回顾与展望[J]. 管理世界, 2013,（12）: 160-169.

[6] 朱承亮, 雷家骕. 中国创业研究 70 年: 回顾与展望[J]. 中国软科学, 2020,（1）: 11-20.

[7] Zhou W B. Regional institutional development, political connections, and entrepreneurial performance in China's transition economy[J]. Small Business Economics, 2014, 43（1）: 161-181.

[8] Li L, Chen J, Gao H L, et al. The certification effect of government R&D subsidies on innovative entrepreneurial firms' access to bank finance: evidence from China[J]. Small Business Economics, 2019, 52（1）: 241-259.

[9] Opper S，Nee V. Network effects，cooperation and entrepreneurial innovation in China[J]. Asian Business & Management，2015，14（4）：283-302.

[10] Li M，Zhang L. Entrepreneurial urban governance and talent policy：the case of Shanghai[J]. China Population and Development Studies，2020，4（1）：25-44.

[11] Liu C Y，Ye L，Feng B. Migrant entrepreneurship in China：entrepreneurial transition and firm performance[J]. Small Business Economics，2019，52（3）：681-696.

[12] Zhang L P，Jiang W，Tang Z W. Study on the promotion effect of informationization on entrepreneurship：an empirical evidence from China[J]. Journal of Global Entrepreneurship Research，2019，9（1）：1-22.

[13] Song L，Jing L. Strategic orientation and performance of new ventures：empirical studies based on entrepreneurial activities in China[J]. International Entrepreneurship and Management Journal，2017，13（4）：989-1012.

[14] Dai W Q，Liu Y，Liao M Q，et al. How does entrepreneurs' socialist imprinting shape their opportunity selection in transition economies?Evidence from China's privately owned enterprises[J]. International Entrepreneurship and Management Journal，2018，14（4）：823-856.

[15] Chu T S，Wen Q. Does college education promote entrepreneurship in China?[J]. Journal of Labor Research，2019，40（4）：463-486.

[16] Lin S，Si S. Factors affecting peasant entrepreneurs' intention in the Chinese context[J]. International Entrepreneurship and Management Journal，2014，10（4）：803-825.

[17] Yang K J，Sholihah P I. A comparative study of the Indonesia and Chinese educative systems concerning the dominant incentives to entrepreneurial spirit（desire for a new venturing）of business school students[J]. Journal of Innovation and Entrepreneurship，2015，4（1）：1-16.

[18] Xu X Z，Ni H，Ye Y H. Factors influencing entrepreneurial intentions of Chinese secondary school students：an empirical study[J]. Asia Pacific Education Review，2016，17（4）：625-635.

[19] Gu J B，Hu L Y，Wu J L，et al. Risk propensity，self-regulation，and entrepreneurial intention：empirical evidence from China[J]. Current Psychology，2018，37（3）：648-660.

[20] Weber M. The Protestant Ethic and the Spirit of Capitalism[M]. New York：Taylor & Francis e-Library，2005：16.

[21] Liu Z Y，Xu Z H，Zhou Z，et al. Buddhist entrepreneurs and new venture performance：the mediating role of entrepreneurial risk-taking[J]. Small Business Economics，2019，52（3）：713-727.

[22] Peng H T，Duysters G，Sadowski B. The changing role of guanxi in influencing the development of entrepreneurial companies：a case study of the emergence of pharmaceutical companies in China[J]. International Entrepreneurship and Management Journal，2016，12（1）：215-258.

[23] Chen Y T. A study on the role of guanxi in entrepreneurship and employment[J]. Economic Modelling，2011，28（4）：2049-2053.

[24] Arribas I，Hernández P，Vila J E. Guanxi，performance and innovation in entrepreneurial service projects[J].

Management Decision, 2013, 51（1）: 173-183.

[25] Kelley D, Coner J K, Lyles M A. Chinese foreign direct investment in the United States: location choice determinants and strategic implications for the State of Indiana[J]. Business Horizons, 2013, 56（4）: 443-451.

[26] Opper S, Andersson F N G. Are entrepreneurial cultures stable over time?Historical evidence from China[J]. Asia Pacific Journal of Management, 2019, 36（4）: 1165-1192.

[27] Zhu X W, Liu Y, He M, et al. Entrepreneurship and industrial clusters: evidence from China industrial census[J]. Small Business Economics, 2019, 52（3）: 595-616.

[28] Obschonka M, Zhou M J, Zhou Y X, et al. "Confucian" traits, entrepreneurial personality, and entrepreneurship in China: a regional analysis[J]. Small Business Economics, 2019, 53（4）: 961-979.

[29] Pan F H, Yang B F. Financial development and the geographies of startup cities: evidence from China[J]. Small Business Economics, 2019, 52（3）: 743-758.

[30] Xiao L, North D. The graduation performance of technology business incubators in China's three tier cities: the role of incubator funding, technical support, and entrepreneurial mentoring[J]. The Journal of Technology Transfer, 2017, 42（3）: 615-634.

[31] Tang M F, Walsh G S, Li C W, et al. Exploring technology business incubators and their business incubation models: case studies from China[J]. The Journal of Technology Transfer, 2021, 46（1）: 90-116.

[32] Elston J A, Weidinger A. Entrepreneurial intention and regional internationalization in China[J]. Small Business Economics, 2019, 53（4）: 1001-1015.

[33] Zhang F, Zhang H N, Bell G G. Corporate religiosity and individual decision on conducting entrepreneurial activity: the contingent effects of institutional environments in China[J]. Asia Pacific Journal of Management, 2019,（9）: 1-24.

[34] Fu W Y. Spatial mobility and opportunity-driven entrepreneurship: the evidence from China labor-force dynamics survey[J]. The Journal of Technology Transfer, 2020, 45（5）: 1324-1342.

[35] Yang J S, Ai D. Effect of the big five personality traits on entrepreneurial probability: influence of china's household registration system[J]. Journal of Labor Research, 2019, 40（4）: 487-503.

[36] Hemmert M, Cross A R, Cheng Y, et al. The distinctiveness and diversity of entrepreneurial ecosystems in China, Japan, and South Korea: an exploratory analysis[J]. Asian Business & Management, 2019, 18（3）: 211-247.

[37] Bosma N, Hill S, Ionescu-Somers A, et al. Global Entrepreneurship Monitor 2019/2020[M]. London: Global Entrepreneurship Research Association, 2019: 22-27.

[38] Ács Z J, Szerb L, Lafuente E, et al. The Global Entrepreneurship Index（2019）[M]. Washington D.C.: The Global Entrepreneurship and Development Institute, 2019: 58-69.

[39] OECD. Entrepreneurship at a Glance 2017[M]. Paris: OECD Publishing, 2017: 15.

[40] The World Bank Group. Doing Business 2020[M]. Washington D.C.: World Bank Publications, 2019: 12-15.

[41] World Economic Forum. Entrepreneurial Ecosystems Around the Globe and Early-Stage Company Growth

Dynamics-the Entrepreneur's Perspective[M]. Geneva：World Economic Forum，2014.

[42] Isenberg D. The Entrepreneurship Ecosystem Strategy as a New Paradigm for Economic Policy：Principles for Cultivating Entrepreneurship[R]. Dublin：Institute of International and European Affairs，2011.

[43] Stam E. Measuring Entrepreneurial Ecosystems[M]. Groningen：Springer Cham，2018：173-197.

[44] Aspen Network of Development Entrepreneurs（2013）[R]. Entrepreneurial Ecosystem Diagnostic Toolkit,2013：6-8.

[45] 中国青年创业就业基金会. 中国青年创业发展评估报告（2018）[R]. 2018：6-8.

[46] 王元地，陈禹. 区域"双创"能力评价指标体系研究——基于因子分析和聚类分析[J]. 科技进步与对策，2016，33（20）：115-121.

[47] 夏维力,丁珮琪. 中国省域创新创业环境评价指标体系的构建研究——对全国31个省级单位的测评[J]. 统计与信息论坛，2017，32（4）：63-72.

[48] 杨武,田雪姣,李亚红. 中国创业孵化生态环境健康性评价研究[J]. 科技进步与对策,2018,35(8)：112-118.

[49] 张秀娥，孟乔. 中国创业制度环境分析——基于与创新驱动经济体的比较[J]. 华东经济管理，2018，32（6）：5-11.

Entrepreneurial Activities in Chinese Context：Theoretical Framework and Measurement System

Xiong Peng，Ma Jing

（Graduate School of Management of Technology，Pukyong National University，Busan 48547，Korea）

Abstract：Based on a systematic review of the research context of the theories and measurement methods of Chinese entrepreneurial activities，this paper points out that Chinese entrepreneurial activities are jointly driven by the government and enterprises under the influence of unified cultural norms，and are essentially a "Culture-based Bimotored Entrepreneurship System". By comparing various entrepreneurial activity measurement systems at home and abroad，this paper constructs a provincial entrepreneurial activity measurement system and evaluation model composed of government，enterprise，culture and output，and verifies the practicability of the system through empirical analysis. The results show that creating a good market environment led by the government is an effective means to improve the quality of entrepreneurial activities.It is necessary to promote the entrepreneurial culture and strengthen the public's entrepreneurial will ensure the quality of entrepreneurial activities.

Keywords：Chinese context；entrepreneurial activity；theoretical framework；measurement system